中医外治养生操图解丛书

起玩核桃养生操

张明 主编

中国中医药出版社
·北京·

图书在版编目（CIP）数据

把玩核桃养生操 / 张明主编 . —北京：中国中医药出版社，2016.10
（中医外治养生操图解丛书）

ISBN 978-7-5132-3534-1

Ⅰ . ①把…　Ⅱ . ①张…　Ⅲ . ①核桃－保健操－图解　Ⅳ . ① G831-64

中国版本图书馆 CIP 数据核字 (2016) 第 161824 号

中国中医药出版社出版
北京市朝阳区北三环东路 28 号易亨大厦 16 层
邮政编码　100013
传真　010 64405750
三河市潮河印业有限公司印刷
各地新华书店经销

开本 710×1000　1/16　印张 13　字数 200 千字
2016 年 10 月第 1 版　2016 年 10 月第 1 次印刷
书号　ISBN 978-7-5132-3534-1

定价　39.80 元
网址　www.cptcm.com

如有印装质量问题请与本社出版部调换
版权专有　侵权必究

社长热线　010 64405720
购书热线　010 64065415　010 64065413
微信服务号　zgzyycbs

书店网址　csln.net/qksd/
官方微博　http://e.weibo.com/cptcm

淘宝天猫网址　http://zgzyycbs.tmall.com

编委会

主　编　张　明

副主编　杨　璞　朱　嵘

　　　　陶雪芬　刘　怡

编　委（按姓氏笔画排序）

　　　　庄　重　刘　欣

　　　　杨晓辉　赵　暎

　　　　曹　骏

内容提要

　　本书作者将核桃特质与中医理论相结合，创编了核桃养生操。核桃养生操不仅继承核桃手疗的精髓，还扩展核桃养生保健、防病治病的作用。本书由专业的医生团队编写，形式新颖、通俗易懂、图文并茂。书中既有中医九种体质的调理方法，又有57种常见病症的防治措施，不仅是调理亚健康的好帮手，孝顺父母、快乐养生的好礼物，还是候车、候机、等人打发时间、消除焦虑的好伴侣。

前 言

PREFACE

现代人工作繁忙，常常不注意自己的身体健康，那么现代人的实际健康情况是怎样的呢？世界卫生组织公布的一项预测性调查表明，全世界真正健康的人数只占总人数的5%，而亚健康人群所占比例已达到75%，是大多数慢性非传染性疾病的病前状态。大多数恶性肿瘤、心脑血管疾病和糖尿病等均是从亚健康人群转入的。许多社会精英英年早逝，令人惋惜。中医在几千年前就提出了治未病的理论，上医治未病乃中医追求的最高学术境界，博大的中医有许多调理亚健康、养生治未病的方法值得我们继承创新和发扬光大。

健康养生需要的是日积月累和持之以恒，三天打鱼、两天晒网是没有效果的，只有长期坚持才能出现神奇的作用，健康才能时刻伴您左右。可是，人是有惰性的，很多健康养生的方法难以坚持，如果能把健康的养生方式变成一种自觉的意识和行动，相信您就能充分利用时间，取得最佳的养生效果，激发自身的自愈潜能，让自己轻松生活，远离烦恼和疾病。

本书主编从医近40年，工作压力和强度大，平时难得有空锻炼，身体每况愈下。一次偶然的机会他与核桃疗法结缘，尝试着将核桃特质与中医理论结合起来，继承核桃手疗的精髓，扩展核桃养生保健防病治疗的作用，摸索着创编了核桃养生操。让其颇感惊喜的是，坚持做核桃养生操一段时间后，身体状况有较大的改观。他与几位同事共同努力，把这套核桃养生操的简化版总结整理出来。国内健康卫生方面诸多权威主流媒体如《健康报》《中国中医药报》等均先后报道核桃养生操，数百家网站转载，说明大众对其有关注、有需求。

核桃疗法融合了中医毫针、按摩、刮痧等优点，比如核桃的尖端刺激穴位力度重，但比毫针刺激小，一般人都能接受，而且操作技术要求不高。核桃的侧棱非常适合用来刮痧，对于一些普通刮痧板不易操作的区域，小小的核桃都能刮到。一对合心的核桃，携带方便，在随时把玩的过程中，磨砺的是核桃突兀的棱角，修炼的是浮躁的心性，体味的是核桃不断变化的魅力，这种成就感在潜移默化中油然而生。核桃养生操将治未病的理念和中医文化的魅力渗透在日常生活中，高雅中透着闲适，情趣日增，修身养性。

本书共分五篇。第一篇简要介绍了文玩核桃的文化，包括文玩核桃的历史趣闻、分类、产地和行话及如何挑选、保养和收藏。第二篇重点阐述了文玩核桃健康养生的中医渊源与现代科学实践以及文化的思考，包括如何选择适合养生用的文玩核桃，文玩核桃养生的基础理论，文玩核桃养生常用的十种基本手法及如何快速找到特效穴位等。第三篇介绍了养生为什么要知道自己的体质，九种体质的特点、辨识和调理方法。第四篇以简单易懂的图解方式，介绍了通用版核桃养生操和57种常见病症的核桃养生操。第五篇重点介绍了健康新标准，何为亚健康，亚健康的危害以及未病防治的重要性。

希望本书的出版能为您的健康助力，如果您在把玩核桃养生操的娱乐中增强了自我健身的意识，在快乐中主动，在欢喜中坚持，在不自觉中完成身体的自愈，使机体处于阴阳平衡状态，调节亚健康，达到防病治病的效果，那就是我们最开心的事了。在本书的编写过程中，得到王启才教授的悉心指导，在此表示衷心感谢！也特别鸣谢当代诗书画僧传义大和尚题写书名！限于编者的水平，本书难免有不足之处，希望读者不吝指正。

张　明

2016 年 9 月

目 录
CONTENTS

1

文玩核桃 收藏的是文化

一、文玩核桃的历史趣闻

在描述文玩核桃之前，先来谈谈核桃的来历。核桃，原名胡桃，又名羌桃、万岁子或者长寿果，据《名医别录》中记载："此果出自羌胡，汉时张骞出使西域，始得终还，移植秦中，渐及东土……"。古时羌胡指现在的东欧、南亚及我国的新疆、甘肃和宁夏等地，张骞将此植物品种引进中原并命名为：胡核。又据史料记载，公元319年，晋国大将石勒占领中原，继而建立后赵，由于对"胡"字避忌，改为一直使用至今的名称：核桃。但关于核桃的出身，也有另一种观点，起因是我国的考古专家分别在河北和山东发现了碳化核桃和核桃化石，此乃起源于中华大地的佐证。国内有学者研究认为：核桃是多地起源，而中国应该是核桃起源地之一。核桃属胡桃科，落叶乔木，果期为10个月，果实接近球状，直径3～5厘米。外果皮为肉质，灰绿色，上有棕色斑点。内果皮坚硬，有皱褶，黄褐色。白露节气前后采集果实，将果实外皮去掉，内果清理干净，就称为"核桃"了。

文玩，指的是文房四宝及其衍生出来的各种文房器玩。现代意义上的文玩可以通俗地理解为带有传统文化气息的赏玩件或手把件。而文玩核桃不仅具有传统文化气息的赏玩件或手把件的特征，而且具有收藏、升值及养生的价值，最初称之为"揉手核桃""手疗核桃""健身核桃"，也称"掌珠"。追溯起来，多数认为文玩核桃起源于汉代，唐宋开始流行，盛行于明清，并且在清朝到达了鼎盛时期。据说玩家大多在京城前门大栅栏儿一带，被称为"八旗一条街"的地方会聚交流。当时人们认为核桃最少也得盘上8～10年后，才能包浆完美、色泽细润如玉，碰撞之声如骨如牙，如金石一般音色，价值与年俱增，才能称之为"玩意儿"，这是北京的一句老话。纵观历史，特别是到玩核桃达到盛行时期的明清两朝，无论是达官贵族、文人墨客，还是宦官小吏、平民阶层，都为拥有一对被称得上"玩意儿"的核桃而骄傲。传说明熹宗朱由校更是达到不理国事的痴迷程度，不但把玩核桃不离手，并且还亲自操刀雕刻核桃，因而有"玩核桃遗忘国事，朱由校御案操刀"的野史散播于当时老百姓之中。虽难成为考证，但明熹宗朱由校的确为历史上著名的木匠皇帝和手工大师。而清朝乾隆皇帝不仅是鉴赏核桃的大家，据传还曾赋诗赞美核桃：

掌上旋日月，时光欲倒流。

周身气血涌，何年是白头？

至今北京故宫博物院仍保存着十几对揉手核桃，存放在雕刻精美的紫檀木盒内，盒子里面标有字样为："某亲王预备""某贝勒恭进"，表明其身份的珍贵。

古时文人玩核桃，视为"雅趣"，参与其事者视为"风雅之举"，而文玩核桃的四大名品，都与文人盘核桃之"雅趣"感受相一致。每每赞赏与评价得其美名：如狮子头之赞誉，"温润如君子，敦厚似贤士，矮短亦侏儒，脱尘是纳子"；如官帽之誉，"浩气如丈夫，廉洁自高士"；公子帽之赞誉，"风流如词客，飘逸如仙子，清瘦似道骨，飘洒真少年"；如鸡心之美，"丽娴亦佳人，珠光欺宝玉"。在中国的历史长河中，形成了世界上独有的核桃文化而盛传不衰。

二、文玩核桃的分类、产地和行话

（一）文玩核桃种类繁多分类有门道

文玩核桃的主要来源——野生核桃可以分为四种：

第一种：绵核桃——现在售卖供食用的纸皮核桃，就是从这里培育

出来的，不在文玩之列。

第二种：铁核桃——主要产于云南、四川，产量最大的核桃，价格低廉，是历史上老人常选用的健身核桃。

第三种：楸子核桃——主要产于东北，其木材是制作古典家具的好材料。

第四种：麻核桃——旧时京城四大文玩名核桃：狮子头、官帽、公子帽、鸡心尽出其中，据说北京周边及河北地区，品相最佳。发展到今天品种越来越多，而一部分核桃的品名并不是很明确。

文玩核桃有四大名品：狮子头、公子帽、官帽、鸡心。另外虎头和罗汉头等品种也是非常受欢迎的，都属于文玩核桃中档次比较高的系列。楸子核桃是最大众化的核桃，也有一些好的品种，如枣核、八棱、灯笼、白菜、楸子桃心等，而且便宜、实用、美观。铁核桃手感沉手，纹路较差，如果能收集一些异形核桃，也是另有一番兴致的。如三棱、四棱、鹰嘴、鸭嘴、葫芦、花生、猴头、三联瓣、蛇皮纹等，五花八门的。不知道文玩核桃究竟有多少种，有人说不到百种，但也有人说有四五百种之多。

1. 铁核桃

铁核桃在市场上常能看到，其中主要有：蛤蟆头、铁球、元宝、异形等。在我国分布的产地比较广泛，产量也比较大，因此在市场上的价格不高，一般在100元以内，由于数量较多致使增值困难。铁核桃的特点是纹路一般较浅，尖较小，个头较大，不是很抗摔，而且价格较便宜。所以适合刚喜欢上核桃的朋友练手用。

2. 楸子核桃

楸子核桃是野生核桃品种之一。楸子核桃大小差异很大，大的能达到7～9厘米，小的可以不到1厘米，特大、特小成对者都可以收藏，因为楸子形状变化大，要想配成对也绝非易事。如果您在市场上发现了好的楸子核桃，建议买下来，因为现在楸子核桃价格还很便宜。关于楸子木，大家应该不陌生，古代就用它来做家具。楸子木生长缓慢，一棵20厘米粗的大概要经过几十年才能生长成。近年来楸子木被乱砍滥伐，数量逐年减少，已经没有大个的楸子核桃，随着树木的减少，恐怕以后很难找到文玩级别的楸子核桃了！

3. 麻核桃

麻核桃的主要品种有狮子头、官帽、公子帽、鸡心，另外还有虎头、罗汉头等。其产地主要分布在河北、北京、天津和山西等地的部分山区。由于野生麻核桃产量稀少，古往今来，就成了玩家争相追逐和收藏的对象。麻核桃市场价格自然不菲，一般在数十元至几千元不等，而且由于野生树种的减少，品种好的麻核桃的价格每年都在不断地上抬，有的价格达上万元，甚至更高。在麻核桃当中，大家都比较喜欢的好品种狮子头最为稀少，因此也就更加成为人们争相收藏、增值、把玩的佼佼者。

（1）狮子头　狮子头属于麻核桃的一种，四大名核之首，形状饱满，近于圆球形，花纹漂亮，多卷花、拧花、绕花，状如雄狮子头，故而得名。按高度可分为高桩和矮桩，按底儿可分为平底和窝底，按纹路可分为粗纹和细纹，按产地可分为河北、北京、山西、天津蓟县等。

苹果园狮子头

四座楼狮子头

南疆石狮子头

盘玩6年的白狮子头

（2）公子帽　公子帽属于麻核桃的一种，四大名核之一，特点是边缘特别大并且在连接脐的地方形成两个美丽的大兜儿，很漂亮，形状就像是古代公子们头上戴的公子帽一样，故而得名。

（3）官帽　官帽属于麻核桃的一种，四大名核之一，形状与公子帽近似，但是要比公子帽长得更饱满，两个边形成的兜要小或没有兜。

（4）鸡心　鸡心属于麻核桃的一种，四大名核之一，形状近似鸡心而得名。一般个头较大，多直纹，纹粗边厚，大底。近些年来人工嫁接使鸡心这个品系繁育太快，产量颇丰，已经没有什么收藏价值了，但是揉手很好，其纹理也不错、个头大容易变红，是健身核桃选择之一。

崔凯公子帽

盘山公子帽

王勇官帽

"白茬"鸡心

4. 异形核桃

异形核桃主要是指核桃在自然的生长环境中外形上的变异。由于现在嫁接技术的日趋进步，不排除人为控制核桃生长导致核桃本身变异或人为后天加工的可能，使核桃的价值大打折扣。对于初学者分辨起来可能比较困难，甚至一些老玩家仅凭经验也会出现看走眼的情况。因为异

文玩核桃 收藏的是文化

异形

形核桃往往价格不菲，所以大家在购买时应分外小心，不要一味地追求"异"，而忽略核桃本身的品质。下面给大家介绍几种异形核桃。

（1）双瓣儿　双瓣儿又叫双胞胎，属于异形核桃的一种，数量较少。是在一个核桃果里生出两只核桃，而两只核桃又都发育不全却又连在一起的结果。最常见的是楸子核桃和铁核桃双瓣儿。而名贵的品种如狮子头也有双瓣儿，但其价不菲。如果能有一对配对好的双瓣儿，就比较不易了，假如是狮子头等好品种的双瓣儿，那就更值得收藏了。一般来说双瓣的纹路较深

异形——双瓣儿

较密，揉好了很漂亮。因为双瓣儿通常很大，不大好盘揉，揉的时候可以把每只双瓣儿的其中一半放在手里揉，然后交替换另一半揉。

（2）鹰嘴　鹰嘴其实是分开了的双瓣儿，因为尖突出而冠名鹰嘴。鹰嘴是"一胞所生"，所以左右完全对称。因此说鹰嘴的配对通常是最完美的。如果是狮子头等好品种的鹰嘴，是很值得收藏的。

异形——鹰嘴

（3）三棱　普通的文玩核桃都是两条棱，三棱文玩核桃是常见的一款异形核桃，而且是文玩核桃中比较珍贵的一种。如果配对很好，核桃纹路凹凸明显，三条棱分布均匀，能增强手感和把玩的兴趣。不同品种的文玩核桃都会出现三棱以及四棱等珍品，作为一种异形核桃，具有很好的收藏价值。

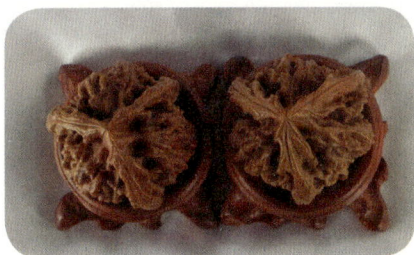

三棱鸡心

老三棱狮子头

（二）中国文玩核桃六大出名产地

文玩核桃最好的品种主要集中在河北、北京、天津以及山西、陕西等地的山区，下面介绍几个出名产地以及出产的优良品种。

1. 河北涞水

这是中国核桃市场上最具影响力的地区之一，由于土壤、气候非常适合种植文玩核桃，若干年以前，就被人发现商机并酝酿种植，目前已经成为全国最大的文玩核桃种植基地。拥有鸡心、狮子头、虎头、公子帽等品种。白狮子头、麦穗虎头以及涞水公子帽都产于本地。

2. 河北承德

河北承德为传统文玩核桃的主要产地，也许是因为产量的原因，近几年来有些被淡忘。既往承德的公子帽比较有名，但近年已经很难见到。承德出产狮子头、公子帽等优良品种，也出产楸子核桃。狮子头个头大的不多，底座大，肚大，外形矮，纹路稍浅。

3. 河北张家口涿鹿

虽此地区目前交通不便，但野生山核桃众多，有很大的潜力。最著名的就是涿鹿县特征明显的南疆石狮子头，外形粗狂、纹路美观细致，四瓣嘴，大扣底，菱形脐，但产量稀少。成为近几年来非常受关注的品种。涿鹿县也出产品质优良的其他品种狮子头和虎头。

4. 北京平谷

历史上平谷就是文玩核桃的主产区，由于其距离把玩核桃的主要城市北京、天津比较近，核桃流通方便。我们亲眼看到或在书上看到的百年精品狮子头，其中一些就是当地最著名的老树产品，可惜该树已经死了，近年来虽已经有嫁接品种的出现，但外形与老树的产品还是存在一些差异的。平谷的官帽也是很有名的，是传统的外形标准，因为基本上是野生的，个头不大，产量也低。市场上还能见到一些具有平谷特征的狮子头，皮质坚硬、大肚、大底座、纹路好。

5. 北京门头沟

门头沟也是北京主要的核桃产地，优良品种很多，主要以狮子头、虎头等为主。由于气候、土壤非常适宜种植核桃，目前在门头沟有大量的嫁接核桃。

6. 天津蓟县

蓟县是天津市唯一的核桃产地，也是嫁接核桃的主产地，因此新的好品种不断出现。由于与北京的平谷相邻，蓟县核桃的特征也和平谷有所相似，外形粗犷优美，纹路清晰。著名的有马老四狮子头，黄崖关虎头等。市场上还能见到非常出名的蓟县盘山公子帽，且外形比较好。

（三）文玩核桃里的二十九句行话

1. 配对

我们经常会听到文玩核桃店老板说这对配对好，那对配对好，指的就是一对核桃之间的差异，差异越小配对越好。

2. 三无

核桃的介绍中会用到"三无"产品的字样。这里的"三无"指的是核桃无虫眼、无阴皮、无损伤。当然，我们对一对文玩核桃的要求还有很多，比如无色差、无修改、无黄尖等。

3. 白茬

白茬指的是核桃在经过清理后，没有经过手盘的核桃，由于这样的核桃表皮颜色发白或者灰白，所以我们通常俗称白茬。白茬与上手是对立的词汇。

4. 上手

上手指的是核桃经过人工盘玩和揉搓，表面颜色加重，一些表面虚棱被盘掉，进一步会发生包浆的特征。上手对立的词汇是白茬。

5. 三围

文玩核桃的三围，指的是核桃的宽、高和肚三个尺寸。测量方法是除大肚核桃外，其他核桃的宽测量棱边宽，高是核桃从顶尖到底边的长度，肚是测量核桃两边肚子端之间的距离。

6. 六面

核桃的六面一般指的是六面图：正面图2张（两个肚面）、侧面图2张（两个棱边）、顶尖图、底面图，这样一共构成六面图。

7. 色差

色差是说一对核桃之间发生颜色上的差异。原因有很多，如核桃本身皮质不同，把玩过程中产生的变色差异，以及核桃在开始去皮清理过程中可能发生的颜色差异等。

8. 阴皮

阴皮是指核桃表面发生颜色深于其他部分的一小块，这种深颜色是一种油阴的感觉，有些可能是外界上油造成的，也有内部核桃仁反油造成的。

9. 胀手

胀手指的是核桃个头比较大,放在手里面把玩的时候把手都撑开了，有那种很胀手的感觉，形容核桃个头比较大，比较壮。

10. 费手

费手是指核桃皮质比较坚硬，凹凸起伏明显，而且表面的突起多为锐利的棱角。另外，费手还有一层意思是说核桃因为皮质的特殊性，不容易上色包浆，不太容易揉出来的核桃，我们也说比较费手。

11. 文盘

文盘指盘玩时两核桃不相碰，盘无声，手指用力较大，手会受到更多的刺激。核桃不容易掉到地上，能完好的保存核桃的纹路、形态，不会出现伤尖等损坏核桃的现象，而且不会因发出的声音影响他人。麻核桃多采用文盘，特别是高档核桃应用此法。

12. 武盘

盘玩时两核桃相碰，发出声音，对核桃的磨损严重，盘到老核桃时，会丧失核桃纹路的美感，发出的声音影响他人。但也有盘玩者因心理需要，盘者听其声，享受其中。所以，自有文玩核桃起，就有武盘。铁核桃，核质坚硬，纹理浅平，武盘音质清脆，似有回音，可选武盘。

13. 上色

上色，就是通过手汗浸入到核桃表层，并与核桃表皮发生氧化反应后核桃表皮颜色渐渐变色的一种反应。一般来说汗手上色更加容易和迅速，干手一般上色较慢较差，多是包浆。所以，俗话说："汗手上色，干手包浆。"

14. 包浆

包浆就是核桃盘玩时间比较长了以后，因核桃与手掌的摩擦等，使得核桃表面形成一层非常光滑而坚硬的氧化层，跟玉石和玻璃表面一样的感觉。盘揉核桃后，包浆和上色通常同时存在。

15. 挂瓷

挂瓷指在包浆的基础上，核桃表层慢慢瓷质化，可理解为硬质化的包浆。挂瓷比较稳定，互碰时发音清脆，似两瓷器相碰。阳光或灯光下，仿佛有一种不似玛瑙，胜似玛瑙的感觉，这个过程称之为挂瓷。从包浆到挂瓷大约要 3 年。

16. 几个几

几个几是形容核桃尺寸的一种习惯说法。一般我们说核桃是 "45" 大的，指的是核桃的尺寸是 45 毫米规格的。用厘米作为单位来形容核桃大小的时候，一般不说 4.5 厘米，而是说四个五大小。

17. 野生

野生核桃指的是没有任何人工看护，没有人工上肥，完全是在野生状态下生长出来的核桃。

18. 老树
老树是指在被人发现之前就一直生长并结出核桃，后来被人发现后，有人工看护，并经过人工施肥，这样结出的核桃称为老树核桃。

19. 嫁接
嫁接核桃是指野生和老树核桃的枝条通过农业技术嫁接到其他树上，然后结出的核桃，就叫嫁接核桃。相对而言，嫁接核桃由于其产量和皮质的原因，往往价值不如野生和老树核桃的高。

20. 夹板
夹板是指核桃农为了制造出异形核桃，将核桃在生长过程中用模具或者夹板把核桃的性状进行控制，从而长出矮桩、闷尖或者磨盘等品种的核桃，通过人工夹板做出的这种核桃低于自然生长的核桃价值。

21. 开口
开口就是核桃顺着边，开了缝，一般由于干燥和风吹，会出现核桃从尖开始，两边张开，就像张开嘴一样，被称为开口。

22. 晃仁
晃仁是指核桃在经过一段时间的盘玩后，由于温度和振动等原因，使得核桃仁发干变小，不再附着在核桃内壁上而发生核桃仁在核桃内部晃动的情况，属于核桃把玩过程中的正常现象，绝大多数核桃都会经历晃仁阶段。

23. 散仁
散仁是指核桃经过晃仁，再揉盘一定时间后，使得核桃仁慢慢变成粉末状，并最后完全消失。这个过程也是文玩核桃的把玩过程中通常经历的过程。

24. 凶猛
凶猛这个词多出现在我们看到一个非常顶级核桃时的一个突发性的称呼。是把核桃看成真正狮子一样的凶猛。比如我们看到配对超好的"46"

规格老树南疆石狮子头，可以使用这个词。

25. 落单

落单是指核桃没有配上对，只有很不错的单只，如果能够找到配的比较好的另一只核桃，就可以成就一对超好的文玩核桃。

26. 青皮

青皮是核桃刚长成熟的时候，表皮被一层外表是青绿色的皮包裹着，这层青皮剥开后才是核桃。

27. 漏脐

漏脐就是核桃底部"肚脐"里面的填充物由于干缩掉落了，称为漏脐。很多人误认为漏脐会使得核桃里外相通，使核桃进水或者进入污垢，其实不然，核桃的脐里面与核桃心之间还有一道隔阂，使其并不相通。

28. 老款

老款核桃，一般是指某个品种的核桃，野生老树已经灭绝，早先年前收的核桃可以叫作老款；还有就是通过嫁接后的核桃，复制了老款核桃的某些特征，也称为老款。区别在于前者为老款核桃，后者是老款嫁接核桃。

29. 有黄

有黄是指核桃生长过程中由于营养和水量大小等原因造成核桃发生黄尖、黄领、黄边甚至于黄肚、黄底的现象，这种带黄的核桃多数经过多年把玩后，有黄的那部分依然还是浅黄色，就跟核桃长了皮肤病一样影响美观。

三、文玩核桃的挑选、保养和收藏

（一）挑选核桃要看四点：品相、皮质、配对、尺寸

1. 品相

品相指核桃桩型正，纹路清晰，符合品种的特点。

有黄

2. 皮质

皮质好坏至关重要，直接影响到核桃后面上色、包浆、挂瓷。好的核桃皮质细腻坚硬，皮质差表现为阴皮、花皮、虫眼、反油、带黄等。皮质与母树的健康程度、土质、后期管理（如浇水、上肥过多）等都有关系。

3. 配对

配对也叫打对，是指两核桃相似程度比较高。毕竟核桃是自然生长的，一火车皮的核桃也没有一模一样的。配对要先看桩型，再看尺寸，边肚高尺寸均相似，两只核桃相差 0.5 毫米不为过。有的核友要求两只核桃尺寸一样，其实配对的时候更应该关注整体相匹配的感觉。

4. 尺寸

尺寸一般是指核桃两棱之间的大小。从把玩的角度来说，尺寸适合自己手的大小就可以了，核桃大一毫米价钱就会差出许多，如 44 跟 45，49 跟 50，这一毫米可能差出千元以上。

（二）文玩核桃的保养和收藏

笔者建议玩核桃新手，应选择购买从未上手、熟透干透、无虫眼、清洗较好、俗称"白茬"的新核桃。不必相互攀比价格，自己喜欢是关键，要有个好心态。但要防止购买用药洗和药泡去皮的核桃，那种核桃肯定个个雪白干净而没划痕，有时可闻到过氧化氢的味道。一般来说，

文玩核桃 收藏的是文化

好的核桃质地细腻坚硬，在手中沉甸甸的。当然，购买贵的最好和有经验的人一起去，多学习请教、多实践，少走弯路，不断提高自己的识别和鉴赏能力，也能防止买到假核桃。新上手的核桃清洗是必要的。可把核桃放在水龙头下，尖朝上，底朝下，用温水冲洗几分钟后，用卫生纸或干毛巾擦干阴干即可。在第一次清洗后，核桃未干时，可用毛刷子将核体凹陷表面处残留的东西刷干净。以后夏季三五天、冬季一周左右清洗一次，保持卫生。盘核桃手应干净，核桃的透亮程度和卫生程度紧密相关。手不干净，核桃也脏，一般不主张上油。

新核桃前半个月主要是用毛刷子刷核桃，后再加上手盘。对新核桃的保养，要注意不要过冷过热，以防开裂。暂时不用时，可将核桃用布袋包裹，找些花椒和核桃放在一起，长时间放置可防止生虫子，然后放在超市卖的保鲜盒里即可。不要放在高温、潮湿、污染、阳光直射和小孩能够得到的地方。

文玩核桃的收藏与其他收藏是有差异的，为什么呢？因为文玩核桃是动态收藏，以盘玩为主，经过不断的学习，用心的把玩，悉心的呵护，精心的保养，在盘玩中收藏、变化、升值。经过时间的变迁，文玩核桃会变得晶莹剔透，成为一件不错的自然艺术收藏品，乐趣无穷。平时的保管也很重要，外出旅游时要收好，避免摔伤、被盗或丢失。更不应在人员拥挤、地势险恶的地方盘玩。行走时可放在口袋盘玩。注意选择在木地板、地毯的房间、草地、车内、床上等处盘玩更安全，即便脱手也不易摔坏。

第 二 篇

文玩核桃　玩的是健康

一、文玩核桃——大自然赋予人类延年益寿的宝物

（一）文玩核桃——健身的中医渊源

文玩核桃养生保健的作用，在中国有着悠久的历史，形成了世界上独特的中国核桃文化。文玩核桃不仅是一种我国古老的文化运动方式，还是我们中华民族特有的文化产物，承载着中华民族传统文化信息，渗透着传统的中医文化内涵和中医治未病的理念。

乾隆皇帝就是把玩养生和鉴赏文玩核桃的大家，曾写下了"掌中旋日月，时光欲倒流。周身气血涌，何年是白头？"的诗句。清末民初北京也流传着民谣："核桃不离手，能活九十九，超过乾隆爷，阎王叫不走。"历史上梨园界的琴师和鼓师为了保持其手指的灵活性，也多随身携带核桃，时常把玩。

就拿文玩核桃做手疗来说，中医经络腧穴学理论认为腧穴与人体脏腑器官功能有着密切的联系，作为运行气血通道的经络，将人体内外连贯起来，成为一个有机的整体，起到行气血，通阴阳，营养全身，保护机体，抗御外邪的作用。人体12条经脉中有6条经脉排列在手上，即手三阴和手三阳经脉。这些经脉和围绕着经脉的诸多穴位，均和五脏六腑密切相关。按照现代生物全息理论的观点，生物体机体表面的固定区域可以反映整个生物体的不同器官和组织的信息，而每个脏器在这些固定区域上都有一个投影——反射区。手、耳朵和足等部位均有身体全部组织器官的反射区，与全身脏腑器官有着紧密的联系。通过按摩反射区，就可达到调理身体相关器官的目的。而核桃质地坚硬，核纹凹凸不平，握在手里具有明显的压扎感觉，通过把玩核桃，刺激或压扎手掌的相应治疗点、穴位、反射区，调整相应脏腑阴阳气血的盛衰，达到疏通经脉、舒筋活血的作用，就可改善身体的不适，发挥治未病、改善亚健康、调理疾病的作用。

现代科学实践证明，当人处于冥想状态或精神愉悦时，体内均会分泌脑内啡。脑内啡也被称之为"快感荷尔蒙"或者"年轻荷尔蒙"，意味着这种荷尔蒙可以帮助人保持年轻快乐的状态。此时人精力旺盛，思维敏捷，心情好，自身免疫力也明显增强。历代高僧大都健康长寿，有研究认为和他们能够长期修身养性、平心静气，善于利用脑内啡有很大

关系。把玩核桃过程中，刺激手心、手指、兴奋神经功能，提高灵敏性，刺激人体分泌脑内啡，脑内啡对脑细胞具有独特的作用，可激活抑制状态脑细胞、促使神经系统恢复。对因脑损伤导致的后遗症有很好的恢复作用。它不仅会使人产生心情愉悦的感觉，还有防止老化、提高自然治愈力、平和心境、提高机体免疫功能，延缓机体衰老，对防治心血管疾病，预防中风、中风后遗症（偏瘫、失语）、脑萎缩、老年性痴呆有很好的作用。

对于一些长期从事电脑和案头工作的人群，也可起到预防职业病的效果。作者结合自身的体会，总结易学易懂的文玩核桃养生操，是在核桃手疗的基础上，将文玩核桃与针灸、刮痧等中医治疗方法相结合，选择适宜有效的全身经络穴位，对人体中医九种体质、亚健康人群、常见的病症进行调理的总结，是将娱乐和健康防病，治未病结合的探索。希望核桃养生操能让您在娱乐中增强自我健身的意识，在快乐中主动，在欢喜中坚持，不自觉中完成了身体的自愈，使机体处于阴阳平衡的状态，从而达到了防病治病的目的。

讲一个有趣的例子：一位退休的高级工程师，一直心脏不好，有冠心病、心律失常，每年均要多次住院治疗。儿子孝顺，但很忙，和作者是朋友。一次提起老父亲的病情，很是担心，作者建议他给父亲买一对文玩核桃。父亲很高兴，在家每天按照核桃养生操把玩。半年后，儿子打电话感谢我，讲父亲心脏情况好转，心情也比过去开朗了，住院次数、时间也少了。其实核桃养生操，对心脏疾病的治疗能起到一定的辅助作用，但在把玩核桃的过程中，心理治疗的作用也是很重要的。

（二）文玩核桃——渗透东方文化的健身宝物

文玩核桃，携带方便，一对合心的核桃，长期把玩，油脂渗透，汗液浸润，包浆形成，时间磨砺，外观逐渐变得光洁细腻，纹理清晰，晶莹剔透，蜕变为不是玛瑙胜似成玛瑙的宝物，成为一个难得的艺术品，具有鉴赏、收藏的价值。在把玩核桃的过程中，磨砺的是核桃突兀的棱角，修炼的是浮躁的心性，体味的是一对文玩核桃和谐、共同成长的变化。盘核悟道，盘核盘心，感悟天人合一，人核如一，思考人生，感恩生命。享受着生活，放松了身心，陶冶了情操，同时还会有一点小小的成就感。出差或孤独时的默默陪伴，改善了枯燥和单调的生活。因此文玩核桃不仅具有收藏和观赏的价值，而且具有了健身、修心养性、特殊的审美和心理需求等多重价值，起到了防病治病的作用。

文玩核桃，从某种意义上讲，也是一个中医药文化产品，具有显著的中华文化特征和丰富的中华文化元素，充满着东方文化的魅力。核桃养生操是把中医治未病的理念和中医文化渗透到人们的日常生活中。和其他的健身器材比较，文玩核桃具有无毒无污染、无安全隐患、冬不凉、夏不燥、操作携带方便等特点。不受场地、气候、年龄、体力、环境限制。您可以花几十元，也可根据您的经济情况和个人需求爱好，买几百甚至数千元以上的文玩核桃作为具有收藏价值的传家宝物代代相传。文玩核桃是大自然赋予人类改善健康、满足心理需求，延年益寿的宝物。

二、如何选择适合养生用的文玩核桃

如果是为了盘玩养生的作用，挑选核体碎纹，疙瘩纹，核桃尖部和侧棱明显的品种最为理想。而大小的选择，主要看是否适合自己，应根据自己的手型大小来选择。那么，如何把握适合自己大小的核桃呢？拇指伸平，把核桃夹在食指和拇指之间，中间的缝隙刚好放下拇指的宽度就可以了。一般男性，狮子头 4.2 ~ 4.4 厘米感觉就较适合。女性约少 0.2 厘米感觉较适合。下面介绍比较适合养生用的文玩核桃品牌。

（一）满天星狮子头

满天星狮子头是按其纹路的特点命名的，形状较为规整，大尖、凹底、边厚、纹路无规则，呈点状、小疙瘩状，密集的连接在一起，分布紧密，似夜空中的繁星，适合养生用。

满天星狮子头

（二）流星雨狮子头

流星雨狮子头是满天星狮子头的变种，区别在于纹路上，线状疙瘩纹，线与疙瘩纹结合在一起似流星雨，故而得名。外形端庄，个大凸尖，纹理深，肚鼓底平，皮质不错，适合养生用。

流星雨狮子头

（三）灯笼狮子头

灯笼狮子头因外形似灯笼而命名。桩高尖大，肚子饱满，纹路粗狂，平底，皮质好，适合养生用。

灯笼狮子头

（四）水龙纹狮子头

水龙纹狮子头外形庄重，厚边平底，桩子略高，尖大肚足，纹路犹如蛟龙在水中翻滚，皮质不错，适合养生用。

水龙纹狮子头

（五）盘龙纹狮子头

盘龙纹狮子头肚扁，宽边，底边的两端各有一个大耳朵，底边有点兜，形状规整优美，纹路细腻，皮质不错，适合养生用。

盘龙纹狮子头

（六）红狮子头

红狮子头桩高尖大，平底纹理粗犷，外形显得较高大，分量较重，适合养生用。

红狮子头

第二篇

文玩核桃 玩的是健康

（七）官帽

官帽稳而庄重，凸起为点网状，两侧棱宽而平直，尖钝而圆润，形体漂亮，很像清朝官员帽。常见的有王勇官帽（有人称麒麟纹官帽）、河北官帽、陕西官帽等，适合养生用。

陕西官帽

（八）公子帽

公子帽边缘特别大，并且在连接脐的地方形成两个美丽的大兜儿，形状像古代公子们头上戴的公子帽一样，外观曲线优美流畅，较常见的有崔凯公子帽、盘山公子帽、老款公子帽等，适合养生用。

崔凯公子帽

（九）虎头

虎头桩较高，凸起大，分布均匀，棱条宽而直，纹路以点网状为主，主要品种有麦穗虎头和盘龙纹虎头等，适合养生用。

虎头

（十）鸡心

鸡心为心脏状，小如鸡心，故而得名。一般平底，纹路以点状为主，凸凹明显，棱条中上部偏高，下部偏低，质地坚硬，适合养生用。

鸡心

三、文玩核桃养生基础理论

（一）文玩核桃养生与经络理论

中医的经络理论是文玩核桃养生基础理论的理论核心。核桃养生操融合了中医毫针、按摩、刮痧以及情志养生的优点，比如文玩核桃的尖端刺激穴位比按摩力度重、比毫针刺激小，对于一般人群都能接受，而且操作技术要求不是很高。文玩核桃的棱边非常适合用来刮痧，而且刺激力度更大，对一些刮痧板不容易操作的区域，小小的核桃就能刮到。但是，无论从哪个角度，核桃养生操都基于对中医经络的了解与运用。

核桃养身操通过刺激人体的经络及循行部位，完成经络系统中各种物质能量的转化，即阴阳的转化。在人体气化过程出现障碍的时候，在其经络中一定会出现异常，这种异常会导致亚健康乃至疾病的发生。

大家比较熟悉的针灸是在临床实践中创立的治疗技术，在长期大量临床经验积累的同时，借助于当时的文化、哲学思想成果，升华为经络理论。随后又经过临床实践的不断补充、修正，最后才创建了经络医学，从而对中医学的发展产生了重大的推动力。针灸需要一定的医学素养和临床经验，但是核桃养生操则满足了一般人运用经络理论防病健身的需求。核桃养生操的经络养生理论源于《黄帝内经》等经典记载的经络医学理论中。

1.经络的结构与功能

《灵枢·经脉》："经脉十二者，伏行分肉之间，深而不见；其常见者，足太阴过于外踝之上，无所隐故也。诸脉之浮而常见者，皆络脉也。"经脉伏行分肉之间，深而不见，只可看见络脉，那么经脉在哪里呢？《灵枢·经脉》："若夫八尺之士，皮肉在此，外可度量切循而得之，其死可解剖而视之。"这里的"肉"是广义的，泛指皮脉肉筋骨等有形组织；切循则指在体表切按、循推；"分肉"泛指人体各种组织器官，包括皮脉肉筋骨之间的间隙、各种组织膜间的空隙、内脏分叶间的缝隙等。

2.经络的气化和特点

经络的气化是指在经络系统中各种物质能量的转化，从而实现人体的生长、发育、生存过程，主要是指阴阳的转化，只有使经络气血平衡才能使人进行正常的生理活动。

3.经络承接、化解六气的变化和伤害

古人将自然环境的变化归纳为六气。六经外接六气，内调脏腑，对人体发挥着"决死生、处百病、调虚实"的作用。如果六气太过或不及，超过了六经的调节与平衡能力，人体不能适应就要发生疾病，轻则经脉病，重则累及相应的脏腑发病。由此可知，六经必须时常与六气相应，使人体与自然界保持协调统一。

所谓化解是指经络通过对气血的控制、调节，使六气在一定限度内变化，不影响人体的正常生理过程，此时虽有经络异常出现，但人体并无明显不适。运用经络调整可以起到"未病先治"的积极作用。具体到六经的功能与作用，分述如下。

（1）太阴经　含手足太阴经，为阴分之表，有利水化湿，行气调气的功能。太阴经对外接纳湿气的影响，对内控制水湿的代谢。这一过程的完成不仅需要脾气运化，还要靠肺气的调节。因此凡见诸湿肿满、气机失畅，调之太阴皆可取效。

（2）少阴经　含手足少阴经，为阴分之中，有泻火清心，疏通阴络的功能。少阴经对外承接热气的影响，对内透发络脉闭阻。因此凡见热邪内闭、疮疖火毒或心络脑络瘀滞，可调手足少阴经。

（3）厥阴经　含手足厥阴经，为阴分之里，有育阴安神，养血调经的功能。厥阴经对外承受风气的作用，对内有疏风、息风的功能。凡见风邪客络、风动伤阴诸证，可选厥阴经治疗。

（4）太阳经　含手足太阳经，为三阳之表，有温阳解表，升阳散寒的功能。太阳经对外抵御寒邪入客，对内行阳化气。凡见寒邪袭表，阳微气化失常的病证，皆可取太阳经治之。

（5）阳明经　含手足阳明经，为三阳之里，有腐化水谷、传导糟粕，维养胃气，温煦肌肤的功能。阳明经对外承受燥气的影响，对内调节燥与湿的平衡，凡见腐化失常，传导失度，肌肤枯萎皆可取之阳明经。

（6）少阳经　含手足少阳经，为阳分之半表半里，专主筋骨，有清泄、疏解的作用。少阳经对外承接火气的影响，对内平复肝胆相火之升越，调理少阳之郁结。凡见火热之邪上逆，少阳失于疏泄之头痛，目眩，胸胁胀满，便秘等诸种郁结之证，均可取少阳经治疗。

4. 脏腑及器官失衡导致的疾病

中医的脏腑有两层意思，狭义的脏腑即大家熟知的五脏六腑。其中五脏：脾、肺、肾、肝、心；六腑：胃、大肠、小肠、三焦、膀胱、胆。广义的脏腑指人体内脏器官的统称。由于先天缺陷或后天失养，或自然、社会等因素，并累及或传变相关脏腑，出现的诸多病症，都会在经络上反映出来，并能通过核桃养生操调整经络的方法，使其缓解或恢复正常。

（1）心与小肠　《素问·灵兰秘典论》曰："心者，君主之官也，神明出焉。"心主血脉，对精神意识思维活动具有主导作用。手少阴经为本脏的主管经脉，并通过本经分别与手太阳小肠经、足少阴肾经直接联系。在病理上，还分别与手厥阴经、手太阴经、足太阴经等有某些特定的联系途径。如心气虚者常选用神门、少海调之；心火炽盛或浮火上越常选用少府、少海或加手太阳经的少泽治之；心阳不足者可选用神门、太溪、复溜调之。且小肠承接经过胃初步消化的营养物，进一步分解转化为更精微的物质供人体吸收，功能上与心密切相关，大多以手少阴心经为主调理经络。

（2）肝与胆　《素问·灵兰秘典论》曰："肝者，将军之官，谋虑出焉。"意为肝具有解毒、疏导、调度气血平衡的重要作用，有藏血、主筋的功能。足厥阴经为本脏的主管经脉，并通过本经分别与足少阳胆经，手厥阴心包经直接联系。在病理上，还分别与足少阴经、足太阴经、冲脉、任脉等有某些特定的联系途径。如肝阴不足，常选用曲泉、太冲、曲泽治之；肝气郁结或郁热选用足少阳经的支沟、阳陵泉疏解，或取外关、足临泣治之。胆在六腑中是一个特殊的腑，《素问·五脏别论》谓之奇恒之府，与脑、髓、骨、脉、女子胞并列，皆为地气之所生，藏而不泻。有关本腑的功能理论，还有待进一步解读研究。

（3）脾与胃　《素问·灵兰秘典论》曰："脾胃者，仓廪之官，五味出焉。"意为脾胃配合，是人体一切营养的总来源。另外，脾还有统血、主一身肌肉的功能。足太阴经为本脏的主管经脉，并通过本经分别与足阳明胃经、手太阴肺经直接联系。在病理上，还分别与足少阴经、足厥阴经、任脉等有某些特定的联系途径。如脾虚选用太白、阴陵泉调之；脾湿常用阴陵泉、尺泽调之；脾胃不适选用手足三里治之；脾虚寒证取太白、太溪、建里、气海治之等。胃病在实证、热证时常用曲池、足三里、中脘、内庭治之；在虚证、寒证时则选取太白、大都、隐白、天枢等腧穴治之。

（4）肺与大肠　《素问·灵兰秘典论》曰："肺者，相傅之官，治节出焉。"意为肺辅助心对人体各种节律和调节有重要的主宰作用，主一身之气。手太阴经为本脏的主管经脉，并通过本经分别与手阳明大肠经、足太阴脾经直接联系。在病理上，还分别与手少阴经、手厥阴经、任脉等有某些特定的联系途径。如肺气虚常取尺泽、太渊补之；肺热常取尺泽、鱼际清之或曲池、列缺清之；肺脾两虚者，常取太渊、太白治之。大肠的病症大多与手太阴经有关联，同样手阳明经亦可调理手太阴经及肺的许多病症。

（5）肾与膀胱　《素问·灵兰秘典论》曰："肾者，作强之官，伎巧出焉。"人体的免疫、特异功能都与肾有关。肾藏精主骨生髓，对人的寿命有重要影响。足少阴经为本脏的主管经脉，并通过本经分别与足太阳膀胱经，手少阴心经直接联系。在病理上，还分别与足太阴经、足厥阴经、督脉、冲脉等有某些特定的联系途径。如肾虚常选用阴谷、太溪、复溜调之；肾为寒湿瘀阻常用肾俞、次髎、委中等穴治之。膀胱在六腑中亦属于一个特殊的腑，《素问·灵兰秘典论》曰："膀胱者，州都之官，津液藏焉，气化则能出矣。"说明膀胱经对人体津液、体液的运行和代谢有着重要的调节作用，膀胱借助肾阳、命门之火与三焦腑共同对人体的津液布化、排出发挥决定性的调节作用。

（6）心包与三焦　《素问·灵兰秘典论》曰："膻中者，臣使之官，喜乐出焉。"心包亦称膻中，此处强调了心包的位置。意为心包是附属于心的一个脏，它执行心的一些功能，对人的情志舒缓、紧张有重要影响。手厥阴经为本脏的主管经脉，并通过本经分别与手少阳三焦经、足厥阴肝经有直接联系。在病理上，还分别与手少阴经、手太阴经、阴维脉等有某些特定的联系途径。如心包郁热，常用曲泽、大陵、劳宫治之；

手足厥阴经郁结或瘀滞时常用大陵、行间治之。三焦腑也是一个更为特殊的大腑，《素问·灵兰秘典论》记载："三焦者，决渎之官，水道出焉。"意为三焦是人体最广泛的体液流通网络通道系统。

（二）文玩核桃养生与情志疗法

文玩核桃养生的过程也是养心的过程，在把玩核桃的过程中，情趣日增，心情舒展，是一种很好的心理治疗方法。

1. 七情偏颇皆可致病

人之七情（喜怒忧思悲恐惊）本是正常的情志变化。七情在正常范围内是"精神"对社会自然环境中各种刺激的自然反应，人应当喜则喜，当怒则怒，当忧则忧，当思则思，当悲则悲，当恐则恐，使情绪维持在正常水平之中。过度的情志刺激（未加控制）或抑制（过度控制）都会伤及神明进而伤害相关脏腑。如喜（笑）——适则心缓而宁静，过则心散而神伤；怒（恼）——适则肝利而疏，过则肝郁而结，或肝气上逆；忧（思）——适则脾运畅而养五脏，过则脾滞而结；悲（哭）——适则肺气畅达，气机通，过则肺气伤，气息不足，少气无力；恐（惊）——适则肾气聚集、警惕、机敏，过则肾气散，神乱，惊恐不宁。《素问·灵兰秘典论》曰"主不明则十二官危"，说明七情之害，不仅是情志病发生的原因，也是诸脏腑病（包括现代疾病如免疫力低下、过敏、血液病、肝胆病、心脑病、肿瘤等）产生的重要原因。

通过调控、疏解相关经络，可以有效改善缓解情志病症。如通过调整经络，可以治疗情志过度的喜则气缓（临床表现为懒言、少动、无力等）；怒则气上（临床表现为头痛、头昏、暴躁等）；忧（思）则气结（临床表现为抑郁、孤独等）；悲则气消（临床表现为气短、少气、溲频等）；恐则气下（临床表现为二便失控、心神不宁等）；惊则气乱（临床表现为心中不安、躁动烦乱）。临床上，根据所伤脏腑和经脉分别选取相关背俞穴、募穴、合穴、原穴等治之。

2. 五志之偏皆能染疾

《黄帝内经》指出"喜怒不节则伤脏"，说明情志不加节制会损伤脏腑功能。具体地说是"怒伤肝、喜伤心、思伤脾、忧伤肺、恐伤肾"。

但临床上并非是一情只伤一固定脏腑，既可一情伤几脏，又可几情伤一脏。如思虑过度可影响脾的消化吸收功能，同样悲忧太过亦能影响于脾，导致食欲不振、脘腹胀满。调整经络可化解清除五志之偏，治疗由此引发的多种顽症怪病。

五志分为神、魂、魄、意、志，五者之中心神为首，为君主之官，此五者与七情密切相关，包含人的心理状态、潜意识、性格，分别与五脏相通、相连、相生、相克。五志与五脏之间的关系如下：

神——心之所藏，神之所居，可识事物、析利害、辨真伪、调气血，伤则神志不明；魂——肝之所藏，可辨正邪、清邪毒、调血脉，伤则暴怒不安；魄——肺之所藏，气之所宗，可调气机、和气血、调一身之气，伤则不耐久，失恒持；意——脾之所藏，可积知识、守记忆，伤则意散茫然；志——肾之所藏，作强之官，可掌应变、激发力、抗暴力，伤则不明不用。五志伤则郁、火、痰湿、水毒皆可内生外客，百病皆至。

七情和五志异常是造成现代许多疾病发生的重要原因，其中五志异常比七情异常对人体的伤害更深更重。五志异常，多与人的遗传、性格、生活环境有关，诸多精神病、情志病以及诸多脏腑病、代谢病及各种不明原因疾病（微量元素缺少、微量元素过多、脂肪代谢障碍、内分泌紊乱、血液病、神经元病、过敏性疾病、免疫功能低下、免疫功能缺失、癌症、白发、脱发），除了先天性（遗传）因素外，大多属于情志所致，与五志伤害关系密切。

四、核桃养生操的常用手法

根据核桃疗法的特点，总结核桃养生操的十种基本手法，介绍如下。

（一）揉搓法

揉搓法指将两核桃置于掌中，旋转核桃并用拇指搓动核桃。揉搓法适用于手掌部位，可以活动掌指关节，具有疏通手部经络，松弛组织，缓解掌指痉挛，加速消除手部疲劳等功效。

（二）点压法

点压法指用拇指、食指、中指捏住核桃，将核桃垂直点压于穴位处，逐渐用力按压，使穴位处产生酸胀感。点压时间宜长不宜短，下压的速度宜缓不宜快，以产生酸胀感为佳。点压法适用于全身各处穴位，具有放松肌肉，诱导止痛的功效。可治疗手脚麻木、胃脘腹痛、四肢疲劳等症状。

（三）挤压法

挤压法是将核桃置于一手掌心之中，另一手掌对压手掌穴位或者对称性挤压体表。挤压时要紧贴体表，不可移动，用力由轻而重，不可用力猛然挤压。挤压法适用于全身各处穴位，多用于手掌、肩背、腰臀及四肢等肌肉肥厚处，具有舒展肌筋，消除疲劳和调节神经肌肉兴奋性的功效。可治疗鼠标手、掌指关节炎、胃脘腹痛、运动后关节疲劳等病症。

（四）握压法

握压法指单手持单或双核桃，呈屈曲状，动作松紧相互交替，握压的程度以自身耐受为度，双手交替握压或双手各握一核桃进行握压。握压频率应匀速适中，具有疏经通络、调和气血、缓解痉挛等功效。可治疗末梢循环差、手部冰凉、手部僵硬等症。

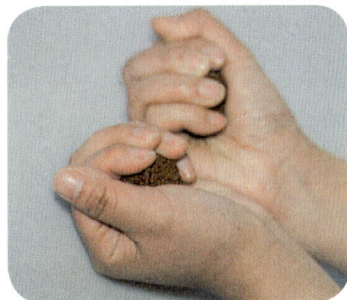

（五）推刮法

推刮法是用拇指、食指、中指捏住核桃，用核桃侧边在病变部位做单方向的匀速刮动的方法，具有疏通经络、活血化瘀的功效。适宜于颈椎病、肩周炎的康复。对于感冒发热、咳嗽等呼吸系统病证，临床还可配合拔罐应用，也可用于亚健康、慢性疲劳综合征等疾病的防治。

（六）叩击法

叩击法是指用拇指、食指、中指捏住核桃叩击体表，以手腕发力，着力轻巧而有弹性，动作要协调灵活，频率要均匀，具有促进血液循环，舒展肌筋，消除疲劳和调节神经肌肉兴奋性的功效。多用于肩背、腰臀及四肢等肌肉肥厚处。用力较大，频率较快，持续时间短的叩击，常用于提高神经肌肉兴奋性；缓慢的叩击，则常用于消除疲劳。

（七）滚压法

滚压法是用一手掌托核桃，另一手掌压在核桃上或一手掌托住核桃，压在相应的穴位上，慢而轻柔地顺时针滚压，以施术部微微发热为度。滚压法适用于手掌、腰背、腹部处，具有促进血液循环，促进胃肠蠕动和减少腹部脂肪堆积、增强胃肠功能的功效。可用于减肥和治疗胃脘疼痛，虚寒泻，腰部酸痛等。

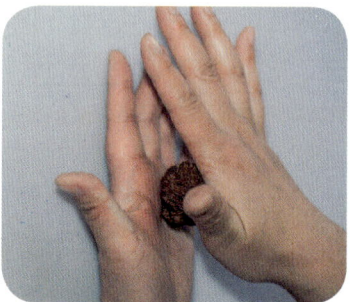

（八）弹拨法

弹拨法是用拇指、食指、中指捏住核桃，将核桃尖部置于穴位或身体的某一部位，陷压于一定部位上，适当用力

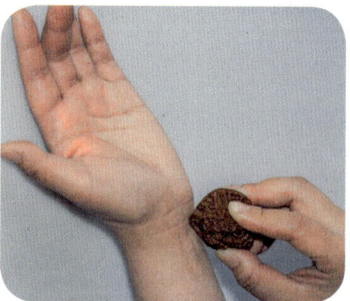

作用于韧带或肌纤维垂直方向来回拨动的手法，具有分离粘连、消肿散结、解痉、止痛等功效。常用于治疗肌肉肌腱和韧带的慢性损伤。

（九）捏压法

捏压法是将食指、中指置于核桃的一侧，拇指指端置于核桃的另一侧，核桃和拇指指端一松一紧反复捏压治疗部位；或用拇指指端置于耳郭背面，食指中指无名指捏住核桃置于耳郭正面处，相互慢慢增加压力按压核桃，一松一紧反复捏压，双手可同时进行，具有活血化瘀、刺激神经、调节内分泌、刺激耳部穴位等功效。

（十）震动法

震动法是用拇指、食指、中指、无名指捏住核桃按压于人体一定的部位或穴位上，手部肌肉及前臂部肌肉绷紧，将力集中于核桃做上下急骤的振颤动作，使局部产生震颤感及温热感。操作时向下压力不宜过重，手臂亦不宜摆动，核桃和体表接触点应始终紧贴，避免产生叩击、冲撞感，其特点为振动幅度小、振动频率高。震动法适用于头面、胸腹、腰背和四肢部，是治疗内科和妇科疾病的常用手法，具有活血止痛、和中理气、温经散寒、消食导滞等功效。可治疗腹泻、肠鸣、消化不良、胸闷气短、血瘀肿痛等症。

五、核桃养生操准备知识

（一）简便易行的指寸定位法

1寸：中指各关节都弯曲，远端指骨间关节和近端指骨关节各出现一条皱纹，这两条皱纹之间的距离就是1寸。拇指指骨间关节的宽度为1寸。以下使用"1拇指"的说法。

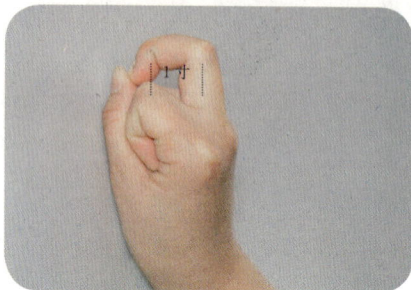

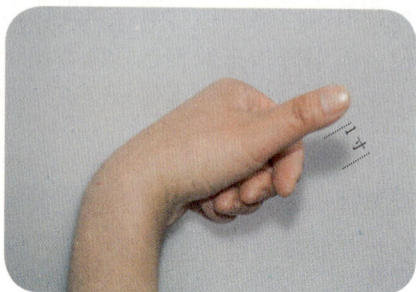

2寸：将食指到无名指的三指并拢，其宽度为2寸。以下使用"3横指"的说法。

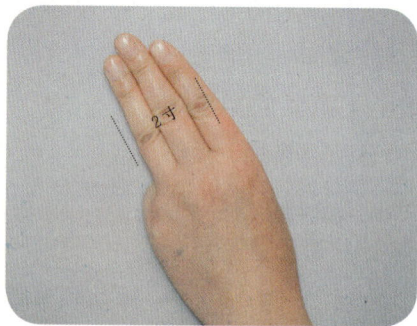

3寸：食指到小指4指的宽度为3寸。以下使用"4横指"的说法。

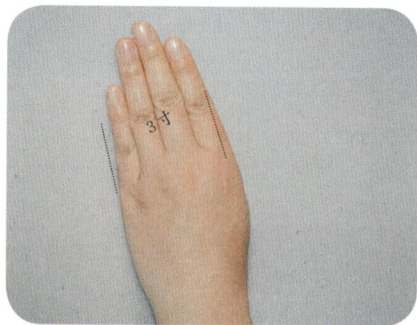

（二）阿是穴与经外奇穴

阿是穴又名压痛点，多位于病变的附近，也可在与其距离较远的部位，没有固定的位置和名称。阿是穴的取穴方法就以痛为腧，即"有痛便是穴"，在症状反射区域，按揉时有酸、麻、胀、痛、重等感觉，或反而感觉舒适的部位。

经外奇穴是指既有一定的名称，又有明确的位置，但尚未归入或不便归入十四经系统的腧穴，又称"奇穴"。奇穴多数对某些病症有特殊疗效。

（三）核桃养生操禁忌证和注意事项

特别提醒：核桃养生操有一定的预防保健和辅助治疗的作用，但不能代替医生的治疗。如疑似患有疾病，应及时前往医院接受诊治。

1. 禁忌证

（1）严重皮肤病、烧伤、烫伤或皮肤破溃的患者不宜按摩；

（2）癌变的部位不宜按摩；

（3）传染病急性期患者、急性感染及发热患者不宜按摩；

（4）精神病、极度疲劳、醉酒者不宜按摩；

（5）按摩部位及其周边皮肤有损伤、可疑病变和对核桃有过敏者不宜按摩。

2. 注意事项

（1）过饥、过饱、酒后、暴怒后及剧烈运动之后，不可立即按摩；妇女妊娠期和月经期均不宜在腹部、腰骶部及臀部按摩；高血压以及患有严重的心脏病的老年患者宜用轻手法按摩；肾炎患者不宜用重手法按摩腰部脊椎两侧肾区。

（2）按摩时应思想集中，心平气和，全身不要紧张，做到身心放松。按摩过程中，应随时注意身体对按摩治疗的反应，若有不适，应及时停止按摩，以防发生意外事故。

（3）按摩应用力恰当，不宜过大或过小，应以皮肤能耐受为度。过小起不到应有的刺激作用，过大易产生疲劳，且易损伤皮肤。

（4）用按摩来防治亚健康或辅助治疗慢性病，要有信心、耐心，持之以恒，坚持一段时间才能逐渐显效。

（5）按摩后建议喝少量温开水。

第 三 篇

把玩核桃 学会调养体质

一、为什么要知道自己的体质类型

体质是指个体在生命过程中，在遗传和后天获得的基础上逐渐形成的，在形态结构、生理功能和心理活动方面综合的相对稳定的特性。表现为机体代谢等诸多方面对外界刺激反应个体差异，以及对某些疾病的易感性、产生病变的类型与疾病转归的某种倾向性。

中医认为脏腑功能盛衰决定体质的差异，经络是体质形成的结构基础，而气血津液是决定体质特征的重要物质基础。

国医大师王琦教授研究认为，人的体质分为阳虚质、阴虚质、气虚质、痰湿质、湿热质、血瘀质、气郁质、特禀质、平和质九种基本类型。2009年《国家公共卫生服务规范》将"中医体质辨识"首次纳入国家公共卫生服务体系，加以推广。在这九种体质类型当中，只有1种平和体质，而其他8种都是偏颇体质，占人群的大多数。而亚健康人群多为偏颇体质，不同体质易患不同的疾病。体质不同，其具体的养生方法也各不相同。针对不同的偏颇体质应有的放矢，量身定做养生调理方案。调理体质，是治未病的基础和必由之路，对改善亚健康状态是非常重要的。调节亚健康，减少生病的机会，防止疾病的发生是中医的优势所在，填补了现代医学的不足，起到了强身健体的作用。

二、九种体质的特点及如何判定

（一）阳虚质

总体特征：阳气不足，以畏寒怕冷、手足不温等虚寒表现为主要特征。

形体特征：肌肉松软不实。

常见表现：平素畏冷，手足不温，喜热饮食，精神不振，舌淡胖嫩，脉沉迟。

心理特征：性格多沉静、内向。

患病倾向：易患寒证、痹证，易得关节炎、腰腿痛等。

适应能力：耐夏不耐冬；易感风、寒、湿邪。

判定自测表：

请根据近一年的体验和感觉，回答以下问题

请根据近一年的体验和感觉，回答以下问题	没有（根本不）	很少（有一点）	有时（有些）	经常（相当）	总是（非常）
（1）您手脚发凉吗？	1	2	3	4	5
（2）您胃脘部、背部或腰膝部怕冷吗？	1	2	3	4	5
（3）您感到怕冷、衣服比别人穿得多吗？	1	2	3	4	5
（4）您比一般人耐受不了寒冷（冬天的寒冷，夏天的冷空调、电扇等）吗？	1	2	3	4	5
（5）您比别人容易患感冒吗？	1	2	3	4	5
（6）您吃（喝）凉的东西会感到不舒服或者怕吃（喝）凉东西吗？	1	2	3	4	5
（7）您受凉或吃（喝）凉的东西后，容易腹泻（拉肚子）吗？	1	2	3	4	5

计分方法：

1. 原始分　简单求和法。原始分数＝各个条目的分值相加。

2. 转化分数　0～100分。转化分数＝（原始分 −7）/28×100

判定标准：阳虚体质转化分≥40分，判定为"是"；转化分为30～39分，判定为"倾向是"；转化分＜30分，判定为"否"。

判断结果：□是　　　　□倾向是　　　　□否

把玩核桃　学会调养体质

（二）阴虚质

总体特征：阴液亏少，以口燥咽干、手足心热等虚热表现为主要特征。

形体特征：体形偏瘦。

常见表现：手足心热，口燥咽干，鼻微干，喜冷饮，大便干燥，舌红少津，脉细数。

心理特征：性情急躁，外向好动，活泼。

患病倾向：易有便秘、肿瘤、结核等阴亏燥热的病症。

适应能力：耐冬不耐夏；不耐受暑、热、燥邪。

判定自测表：

请根据近一年的体验和感觉，回答以下问题

请根据近一年的体验和感觉，回答以下问题	没有（根本不）	很少（有一点）	有时（有些）	经常（相当）	总是（非常）
（1）您感到手脚心发热吗？	1	2	3	4	5
（2）您感觉身体、脸上发热吗？	1	2	3	4	5
（3）您皮肤或口唇干吗？	1	2	3	4	5
（4）您口唇的颜色比一般人红吗？	1	2	3	4	5
（5）您容易便秘或大便干燥吗？	1	2	3	4	5
（6）您面部两颧潮红或偏红吗？	1	2	3	4	5
（7）您感到眼睛干涩吗？	1	2	3	4	5
（8）您感到口干咽燥，总是想喝水吗？	1	2	3	4	5

计分方法：

1. 原始分　简单求和法。原始分数＝各个条目的分值相加。

2. 转化分数　0～100分。转化分数＝（原始分－8）/32×100

判定标准：阴虚体质转化分≥40分，判定为"是"；转化分为30～39分，判定为"倾向是"；转化分＜30分，判定为"否"。

判断结果：□是　　　　□倾向是　　　　□否

（三）气虚质

总体特征：元气不足，以疲乏、气短、自汗等气虚表现为主要特征。

形体特征：肌肉松软不实。

常见表现：平素语音低弱，气短懒言，容易疲乏，精神不振，易出汗，舌淡红，舌边有齿痕，脉弱。

心理特征：性格内向，不喜冒险。

患病倾向：易患感冒、内脏下垂等病，病后康复缓慢。

适应能力：不耐受风、寒、暑、湿邪。

判定自测表：

请根据近一年的体验和感觉，回答以下问题

请根据近一年的体验和感觉，回答以下问题	没有（根本不）	很少（有一点）	有时（有些）	经常（相当）	总是（非常）
（1）您容易疲乏吗？	1	2	3	4	5
（2）您容易气短（呼吸短促，接不上气吗？	1	2	3	4	5
（3）您容易心慌吗？	1	2	3	4	5
（4）您容易头晕或站起时晕眩吗？	1	2	3	4	5
（5）您比别人容易患感冒吗？	1	2	3	4	5
（6）您喜欢安静、懒得说话吗？	1	2	3	4	5
（7）您说话声音低弱无力吗？	1	2	3	4	5
（8）您活动量稍大就容易出虚汗吗？	1	2	3	4	5

计分方法：

1. 原始分　简单求和法。原始分数＝各个条目的分值相加。

2. 转化分数　0～100分。转化分数＝（原始分－8）/32×100

判定标准：气虚体质转化分≥40分，判定为"是"；转化分为30～39分，判定为"倾向是"；转化分＜30分，判定为"否"。

判断结果：□是　　　　□倾向是　　　　□否

第三篇　把玩核桃　学会调养体质

（四）痰湿质

总体特征：痰湿凝聚，以形体肥胖、腹部肥满、口黏苔腻等痰湿表现为主要特征。

形体特征：体形肥胖，腹部肥满松软。

常见表现：面部皮肤油脂较多，多汗且黏，胸闷，痰多，口黏腻或甜，喜食肥甘甜黏食物，苔腻，脉滑。

心理特征：性格偏温和、稳重，多善于忍耐。

患病倾向：易患糖尿病、高血压、肥胖症、高脂血症、脑血管疾病等。

适应能力：对梅雨季节及湿重环境适应能力差。

判定自测表：

请根据近一年的体验和感觉，回答以下问题

请根据近一年的体验和感觉，回答以下问题	没有（根本不）	很少（有一点）	有时（有些）	经常（相当）	总是（非常）
（1）您感到胸闷或腹部胀满吗？	1	2	3	4	5
（2）您感到身体沉重不轻松或不爽快吗？	1	2	3	4	5
（3）您腹部肥满松软吗？	1	2	3	4	5
（4）您有额部油脂分泌多的现象吗？	1	2	3	4	5
（5）您上眼睑比别人肿（有轻微隆起的现象）吗？	1	2	3	4	5
（6）您嘴里有黏黏的感觉吗？	1	2	3	4	5
（7）您平时痰多，特别是咽喉部总感到有痰堵着吗？	1	2	3	4	5
（8）您舌苔厚腻或有舌苔厚厚的感觉吗？	1	2	3	4	5

计分方法：

1. 原始分　简单求和法。原始分数＝各个条目的分值相加。

2. 转化分数　0～100分。转化分数＝（原始分 -8）/32×100

判定标准：气虚体质转化分 ≥ 40分，判定为"是"；转化分为 30～39分，判定为"倾向是"；转化分 < 30分，判定为"否"。

判断结果：□是　　　　□倾向是　　　　□否

（五）湿热质

总体特征：湿热内蕴，以面垢油光、口苦、苔黄腻等湿热表现为主要特征。

形体特征：形体中等或偏瘦。

常见表现：面垢油光，易生痤疮，口苦口干，身重困倦，大便黏滞不畅或燥结，小便短黄，男性易阴囊潮湿，女性易带下增多，舌质偏红，苔黄腻，脉滑数。

心理特征：容易心烦急躁。

患病倾向：易患疮疖、黄疸、带下等病。

适应能力：对夏末秋初湿热气候，湿重或气温偏高环境较难适应。

判定自测表：

请根据近一年的体验和感觉，回答以下问题

请根据近一年的体验和感觉，回答以下问题	没有（根本不）	很少（有一点）	有时（有些）	经常（相当）	总是（非常）
（1）您面部或鼻部有油腻感或者油亮发光吗？	1	2	3	4	5
（2）您容易生痤疮或疮疖吗？	1	2	3	4	5
（3）您感到口苦或嘴里有异味吗？	1	2	3	4	5
（4）您大便黏滞不爽、有解不尽的感觉吗？	1	2	3	4	5
（5）您便秘或大便干燥吗？	1	2	3	4	5
（6）您小便时尿道有发热感、尿色浓（深）吗？	1	2	3	4	5
（7）您带下色黄（白带颜色发黄）吗？（限女性）	1	2	3	4	5
（8）您的阴囊部位潮湿吗？（限男性）	1	2	3	4	5

计分方法：

1. 原始分　简单求和法。原始分数＝各个条目的分值相加。

2. 转化分数　0～100分。转化分数＝（原始分−7）/28×100

判定标准：气虚体质转化分≥40分，判定为"是"；转化分为30～39分，判定为"倾向是"；转化分<30分，判定为"否"。

判断结果：□是　　　　□倾向是　　　　□否

把玩核桃　学会调养体质

（六）血瘀质

总体特征：血行不畅，以肤色晦暗、舌质紫暗等血瘀表现为主要特征。

形体特征：胖瘦均见。

常见表现：肤色晦暗，色素沉着，容易出现瘀斑，口唇暗淡，舌暗或有瘀点，舌下络脉紫暗或增粗，脉涩。

心理特征：易烦，健忘。

患病倾向：易患肿瘤、中风、崩漏等。

适应能力：不耐受寒邪。

判定自测表：

请根据近一年的体验和感觉，回答以下问题

请根据近一年的体验和感觉，回答以下问题	没有（根本不）	很少（有一点）	有时（有些）	经常（相当）	总是（非常）
（1）您的皮肤在不知不觉中会出现青紫瘀斑（皮下出血）吗？	1	2	3	4	5
（2）您两颧部有细微红丝吗？	1	2	3	4	5
（3）您身体上有哪里疼痛吗？	1	2	3	4	5
（4）您面色晦暗或容易出现褐斑吗？	1	2	3	4	5
（5）您容易有黑眼圈吗？	1	2	3	4	5
（6）您容易忘事（健忘）吗？	1	2	3	4	5
（7）您口唇颜色偏暗吗？	1	2	3	4	5

计分方法：

1. 原始分　简单求和法。原始分数＝各个条目的分值相加。

2. 转化分数　0～100分。转化分数＝（原始分－7）/28×100

判定标准：气虚体质转化分≥40分，判定为"是"；转化分为30～39分，判定为"倾向是"；转化分＜30分，判定为"否"。

判断结果：□是　　　　□倾向是　　　　□否

（七）气郁质

总体特征：气机郁滞，以神情抑郁、忧虑脆弱等气郁表现为主要特征。

形体特征：形体瘦者为多。

常见表现：神情抑郁，情感脆弱，烦闷不乐，舌淡红，苔薄白，脉弦。

心理特征：性格内向不稳定、敏感多虑。

患病倾向：易患抑郁症、梅核气、肿瘤等。

适应能力：对精神刺激适应能力较差，不适应阴雨天气。

判定自测表：

请根据近一年的体验和感觉，回答以下问题

请根据近一年的体验和感觉，回答以下问题	没有（根本不）	很少（有一点）	有时（有些）	经常（相当）	总是（非常）
（1）您感到闷闷不乐吗？	1	2	3	4	5
（2）您容易精神紧张、焦虑不安吗？	1	2	3	4	5
（3）您多愁善感、感情脆弱吗？	1	2	3	4	5
（4）您容易感到害怕或受到惊吓吗？	1	2	3	4	5
（5）您胁肋部或乳房胀痛吗？	1	2	3	4	5
（6）您无缘无故叹气吗？	1	2	3	4	5
（7）您咽喉部有异物感，且吐之不出、咽之不下吗？	1	2	3	4	5

计分方法：

1. 原始分　简单求和法。原始分数＝各个条目的分值相加。

2. 转化分数　0～100分。转化分数＝（原始分－7）/28×100

判定标准：气虚体质转化分≥40分，判定为"是"；转化分为30～39分，判定为"倾向是"；转化分＜30分，判定为"否"。

判断结果：□是　　　　□倾向是　　　　□否

（八）特禀质

总体特征：先天失常，以生理缺陷、过敏反应等为主要特征。

形体特征：过敏体质者一般无特殊；先天禀赋异常者或有畸形，或有生理缺陷。

常见表现：过敏体质者常见哮喘、风团、咽痒、鼻塞、喷嚏等；患遗传性疾病者有垂直遗传、先天性、家族性特征；患胎传性疾病者具有母体影响胎儿个体生长发育及相关疾病特征。

心理特征：随禀质不同情况各异。

患病倾向：过敏体质者易患哮喘、荨麻疹、花粉症及药物过敏等；遗传性疾病如血友病、先天愚型等；胎传性疾病如五迟（立迟、行迟、发迟、齿迟和语迟）、五软（头软、项软、手足软、肌肉软、口软）、解颅、胎惊等。

适应能力：对易致过敏季节适应能力差，易引发宿疾。

判定自测表：

请根据近一年的体验和感觉，回答以下问题

请根据近一年的体验和感觉，回答以下问题	没有（根本不）	很少（有一点）	有时（有些）	经常（相当）	总是（非常）
（1）您没有感冒时也会打喷嚏吗？	1	2	3	4	5
（2）您没有感冒时也会鼻塞、流鼻涕吗？	1	2	3	4	5
（3）您有因季节变化、温度变化或异味等原因而出现咳喘的现象吗？	1	2	3	4	5
（4）您容易过敏（对药物、食物、气味、花粉或在季节交替、气候变化时）吗？	1	2	3	4	5
（5）您的皮肤容易起荨麻疹（风团、风疹块、风疙瘩）吗？	1	2	3	4	5
（6）您因过敏出现过紫癜（紫红色瘀点、瘀斑）吗？	1	2	3	4	5
（7）您的皮肤一抓就红，并出现抓痕吗？	1	2	3	4	5

计分方法：

1. 原始分　简单求和法。原始分数＝各个条目的分值相加。

2. 转化分数　0～100分。转化分数＝（原始分-7）/28×100

判定标准：气虚体质转化分≥40分，判定为"是"；转化分为30～39分，判定为"倾向是"；转化分<30分，判定为"否"。

判断结果：□是　　　　□倾向是　　　　□否

（九）平和质

总体特征：阴阳气血调和，以体态适中、面色红润、精力充沛等为主要特征。

形体特征：体形匀称健壮。

常见表现：面色、肤色润泽，头发稠密有光泽，目光有神，鼻色明润，嗅觉通利，唇色红润，不易疲劳，精力充沛，耐受寒热，睡眠良好，胃纳佳，二便正常，舌色淡红，苔薄白，脉和缓有力。

心理特征：性格随和开朗。

患病倾向：平素患病较少。

适应能力：对自然环境和社会环境适应能力较强。

判定自测表：

请根据近一年的体验和感觉，回答以下问题

请根据近一年的体验和感觉，回答以下问题	没有（根本不）	很少（有一点）	有时（有些）	经常（相当）	总是（非常）
（1）您精力充沛吗？	1	2	3	4	5
（2）您容易疲乏吗？	5	4	3	2	1
（3）您说话声音无力吗？	5	4	3	2	1
（4）您感到闷闷不乐吗？	5	4	3	2	1
（5）您比一般人耐受不了寒冷（冬天的寒冷，夏天的冷空调、电扇）吗？	5	4	3	2	1
（6）您能适应外界自然和社会环境的变化吗？	1	2	3	4	5
（7）您容易失眠吗？	5	4	3	2	1
（8）您容易忘事（健忘）吗？	5	4	3	2	1

计分方法：

1. 原始分　简单求和法。原始分数＝各个条目的分值相加。

2. 转化分数　0～100分。转化分数＝（原始分 -8）/32×100

判定标准：气虚体质转化分≥40分，判定为"是"；转化分为30～39分，判定为"倾向是"；转化分<30分，判定为"否"。

判断结果：□是　　　　□倾向是　　　　□否

三、核桃养生操调理九种体质

（一）阳虚体质养生操

1. 核桃按摩的特效穴位及手法

身部

大椎：用核桃尖端，选择"点压"手法。

关元：用核桃尖端，选择"点压"或"震动"手法。

脾俞：用核桃尖端，选择"点压"或"弹拨"手法。

肾俞：用核桃尖端，选择"点压"或"弹拨"手法。

命门：用核桃尖端，选择"点压"手法。

下肢部

足三里：用核桃尖端，选择"点压"手法。

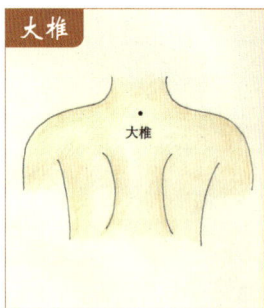

大椎

第 7 颈椎棘突下凹陷中。

取坐姿，保持平静呼吸，左手或右手握住一核桃，使核桃尖端对准穴位，心中默念"1、2、3、4、5、6、7、8"按压，重复8次，共64次。

关元

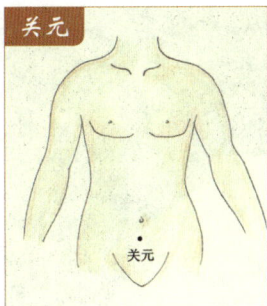

在腹部，身体前正中线，脐中下3寸。

取坐姿，保持平静呼吸，左手或右手握住一核桃，使核桃尖端对准穴位，心中默念"1、2、3、4、5、6、7、8"按压，重复8次，共64次。

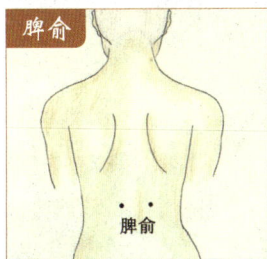

脾俞

在背部，第11胸椎棘突下，旁开1.5寸。

取坐姿，保持平静呼吸，双手各握住一核桃，将手转到背后，使核桃尖端对准穴位，心中默念"1、2、3、4、5、6、7、8"按压，重复8次，共64次。

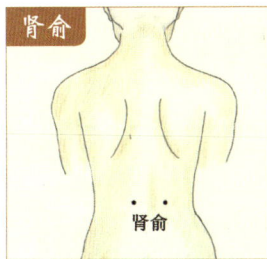

肾俞

在背部，第2腰椎棘突下旁开1.5寸。

取坐姿，保持平静呼吸，双手各握住一核桃，将手转到背后，使核桃尖端对准穴位，心中默念"1、2、3、4、5、6、7、8"按压，重复8次，共64次。

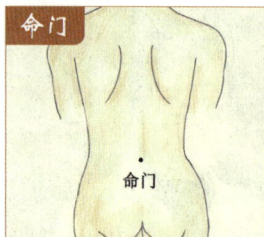

命门

在背部，第 2、3 腰椎棘突间。

取坐姿，保持平静呼吸，左手或右手握住一核桃，将手转到背后，使核桃尖端对准穴位，心中默念"1、2、3、4、5、6、7、8"按压，重复8次，共64次。

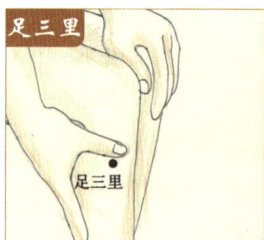

足三里

外膝眼正中直下3寸，胫骨外侧旁开1横指。

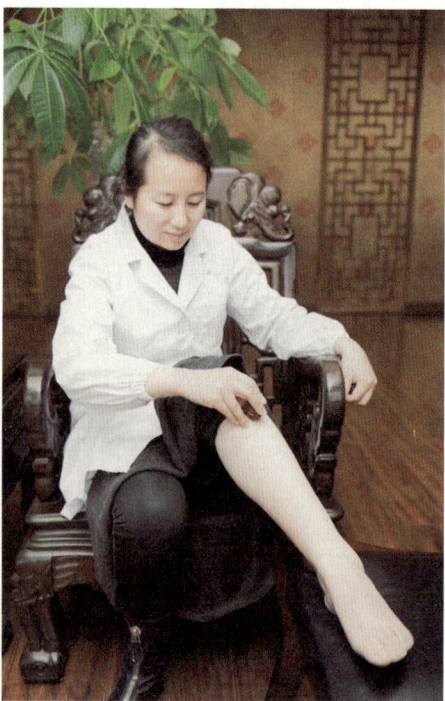

取坐姿，保持平静呼吸，右手握一核桃，使核桃尖端对准左侧穴位，心中默念"1、2、3、4、5、6、7、8"按压，重复8次，共64次。对侧也按相同方法操作。

2. 饮食起居

避免过劳，春夏培补阳气，秋冬避寒就温。多日光浴，注重足下、背部及丹田部位的保暖，避免大汗、醉酒，忌熬夜、节房事。宜食性味甘温、温阳的食品。如牛羊狗肉、葱、蒜、花椒、鳝鱼、韭菜、辣椒、胡椒、栗子等；少食生冷寒凉食物如黄瓜、藕、梨、西瓜等。"春夏养阳"，夏日三伏每伏食附子粥或羊肉附子汤一次。平时可用羊肉扒莴笋、韭菜炒胡桃仁、当归生姜羊肉汤、韭菜炒胡桃仁。

3. 运动及音乐

动作宜柔缓，如八段锦、太极拳（剑）、五禽戏之虎戏、散步等。多听欢快、喜庆的音乐，如徵调式乐曲《步步高》《解放军进行曲》《卡门序曲》等。

（二）阴虚体质养生操

1. 核桃按摩的特效穴位及手法

下肢部

太溪：用核桃尖端，选择"点压"手法。

照海：用核桃尖端，选择"点压"或"叩击"手法。

涌泉：用核桃尖端，选择"点压"手法。

阴陵泉：用核桃尖端，选择"点压"手法。

三阴交：用核桃尖端，选择"点压"手法。

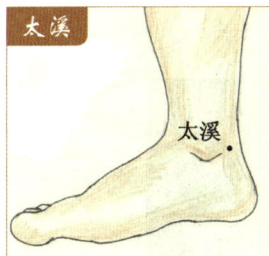

太溪

太溪

在足内侧，内踝后方，内踝高点与跟腱之间的凹陷处

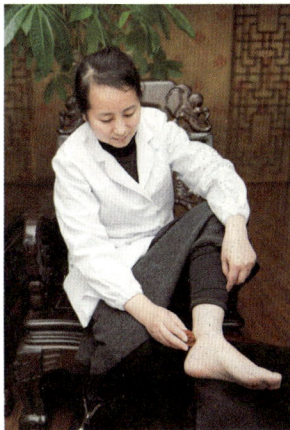

取坐姿，保持平静呼吸，右手握一核桃，使核桃尖端对准左侧穴位，心中默念"1、2、3、4、5、6、7、8"按压，重复8次，共64次。对侧也按相同方法操作。

照海

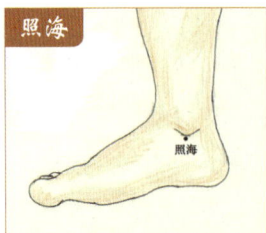

在足内侧，内踝尖下方凹陷处。

取坐姿，保持平静呼吸，右手握一核桃，使核桃尖端对准左足穴位，心中默念"1、2、3、4、5、6、7、8"按压，重复8次，共64次。对侧也按相同方法操作。

涌泉

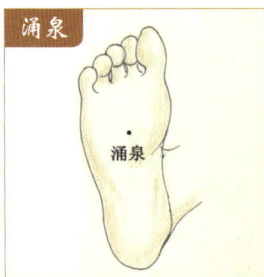

在足底部，屈足卷趾时足前部凹陷处，约足底第2、3跖趾缝纹头端与足跟连线的前1/3与后2/3交点上。

取坐姿，保持平静呼吸，右手握一核桃，使核桃尖端对准左侧穴位，心中默念"1、2、3、4、5、6、7、8"按压，重复8次，共64次。对侧也按相同方法操作。

阴陵泉

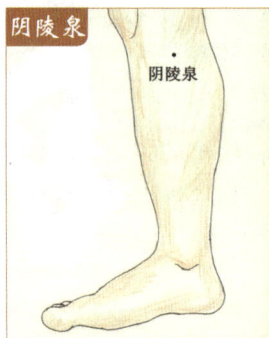

在小腿内侧，膝下胫骨内侧髁下方凹陷中。

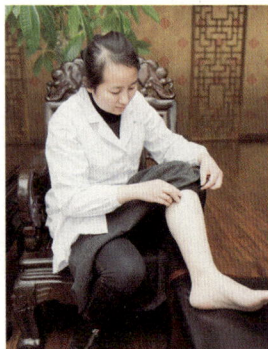

取坐姿，保持平静呼吸，右手握一核桃，使核桃尖端对准左侧穴位，心中默念"1、2、3、4、5、6、7、8"按压，重复8次，共64次。

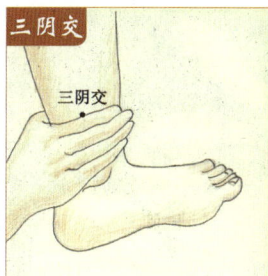

足内踝尖上3寸，胫骨内侧缘后方。

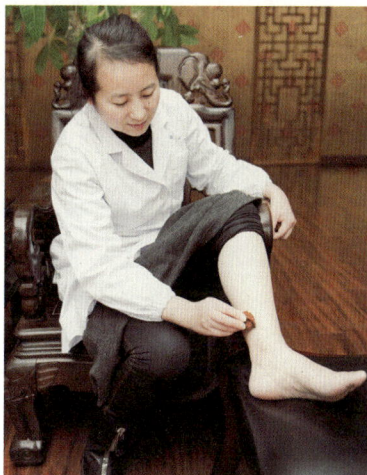

三阴交

取坐姿，保持平静呼吸，右手握一核桃，使核桃尖端对准左侧穴位，心中默念"1、2、3、4、5、6、7、8"按压，重复8次，共64次。对侧也按相同方法操作。

2. 饮食起居

夏应避暑，秋冬养阴。居室安静，忌熬夜，节房事，避免大汗、醉酒，不剧烈运动，不在高温下工作。食宜性味甘润、甘凉滋润的食物。常吃梨、百合、银耳、木瓜、菠菜、无花果、冰糖、茼蒿等，少食葱、姜、蒜、椒、荔枝、茴香等辛辣燥热之品，平时可食木耳莲子百合羹。

3. 运动及音乐

宜动静结合，及时补水，不宜大汗。如太极拳、太极拳（剑）、游泳、散步、叩齿生津咽津功等。宜听舒缓、悠扬音乐，如角调式乐曲《春之声圆舞曲》《蓝色多瑙河》《江南丝竹乐》《春风得意》《摇篮曲》《小夜曲》。

（三）气虚体质养生操

1. 核桃按摩的特效穴位及手法

头部

百会：用核桃尖端，选择"点压"或"叩击"手法。

身部

气海：用核桃尖端，选择"点压"或"震动"手法。

下肢部

足三里：用核桃尖端，选择"点压"手法。

百会

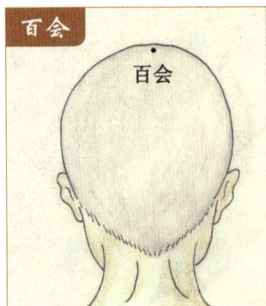

百会

在头顶正中线与两耳尖连线的交叉处。

取坐姿，保持平静呼吸，左手或右手握住一核桃，使核桃尖端对准穴位，心中默念"1、2、3、4、5、6、7、8"按压，重复8次，共64次。

气海

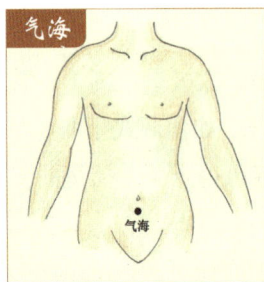

气海

在腹部，身体前正中线，脐中下1.5寸。

足三里

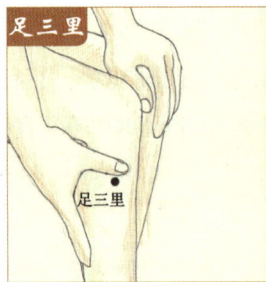

足三里

外膝眼正中直下3寸，胫骨外侧旁开1横指。

取坐姿，保持平静呼吸，左手或右手握住一核桃，使核桃尖端对准穴位，心中默念"1、2、3、4、5、6、7、8"按压，重复8次，共64次。

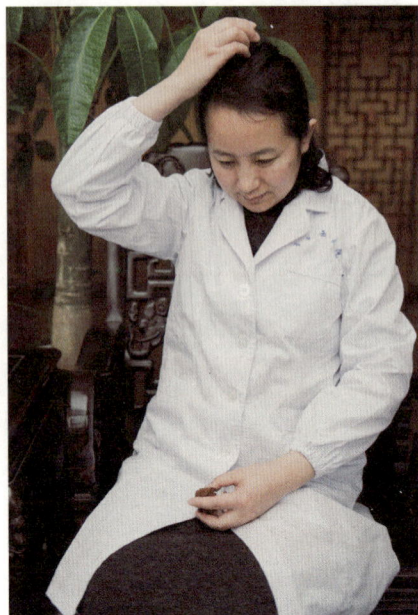

取坐姿，保持平静呼吸，右手握一核桃，使核桃尖端对准左侧穴位，心中默念"1、2、3、4、5、6、7、8"按压，重复8次，共64次。对侧也按相同方法操作。

2. 饮食起居

夏当避暑，冬当避寒，避免过劳。常食益气健脾、营养丰富、易消化食物如粳米、糯米、小米、大麦、山药、土豆、大枣、香菇、鸡肉、鹅肉、兔肉、鹌鹑、牛肉、青鱼、鲢鱼、鳜鱼、鳝鱼等，少吃耗气食物如青萝卜、槟榔、空心菜、金橘等。

3. 运动及音乐

可进行一些偏于柔缓的运动，如散步、太极拳（剑）、八段锦、五禽戏等。欣赏具有田园、山野等自然风格、轻柔和缓的乐曲，如《春江花月夜》《月儿高》《月光奏鸣曲》《高山》《流水》。

（四）痰湿体质养生操

1. 核桃按摩的特效穴位及手法

身部

中脘：用核桃尖端，选择"点压"或"震动"手法。

天枢：用核桃尖端，选择"点压"或"震动"手法。

下肢部

丰隆：用核桃尖端，选择"点压"手法。

足三里：用核桃尖端，选择"点压"手法。

阴陵泉：用核桃尖端，选择"点压"手法。

三阴交：用核桃尖端，选择"点压"手法。

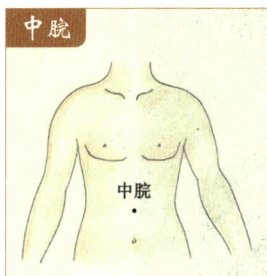

中脘

在腹部前正中线上，脐上4寸处。

取坐姿，保持平静呼吸，左手或右手握住一核桃，使核桃尖端对准穴位，心中默念"1、2、3、4、5、6、7、8"按压，重复8次，共64次。

天枢

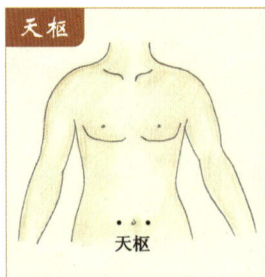

脐中旁开2寸。

取坐姿，保持平静呼吸，双手各握住一核桃，使核桃尖端对准穴位，心中默念"1、2、3、4、5、6、7、8"按压，重复8次，共64次。

丰隆

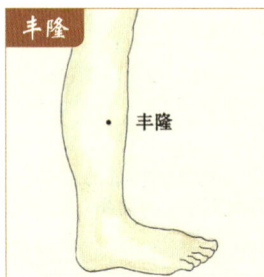

小腿前外侧，外膝眼和外踝的连线中点。

足三里

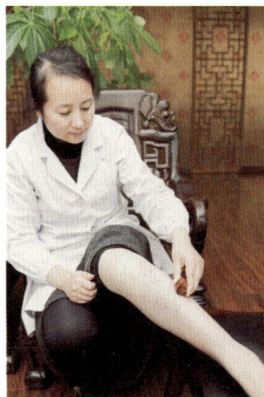

外膝眼正中直下3寸，胫骨外侧旁开1横指。

取坐姿，保持平静呼吸，左手握一核桃，使核桃尖端对准左侧穴位，心中默念"1、2、3、4、5、6、7、8"按压，重复8次，共64次。对侧也按相同方法操作。

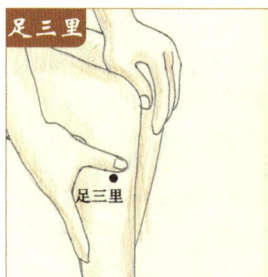

取坐姿，保持平静呼吸，右手握一核桃，使核桃尖端对准左侧穴位，心中默念"1、2、3、4、5、6、7、8"按压，重复8次，共64次。对侧也按相同方法操作。

阴陵泉

阴陵泉

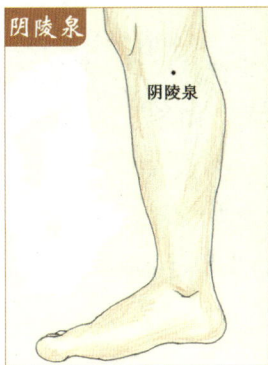

在小腿内侧，膝下胫骨内侧髁下方凹陷中。

取坐姿，保持平静呼吸，右手握一核桃，使核桃尖端对准左侧穴位，心中默念"1、2、3、4、5、6、7、8"按压，重复8次，共64次。

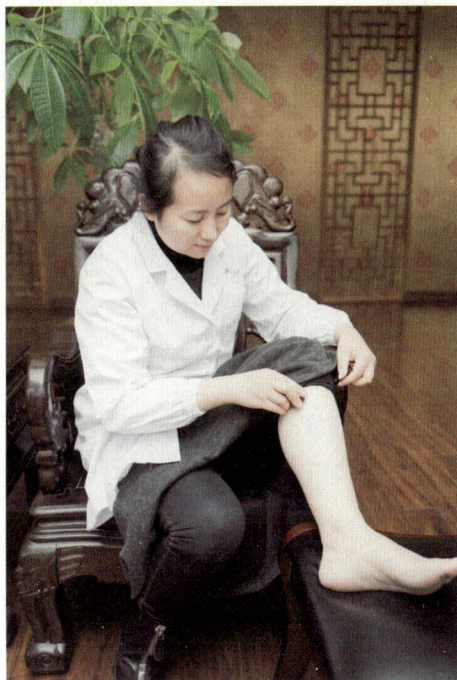

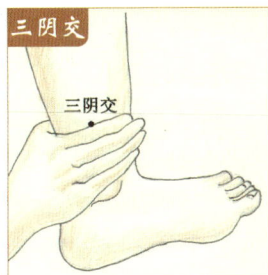

三阴交

三阴交

足内踝尖上3寸，胫骨内侧缘后方。

取坐姿，保持平静呼吸，右手握一核桃，使核桃尖端对准左侧穴位，心中默念"1、2、3、4、5、6、7、8"按压，重复8次，共64次。对侧也按相同方法操作。

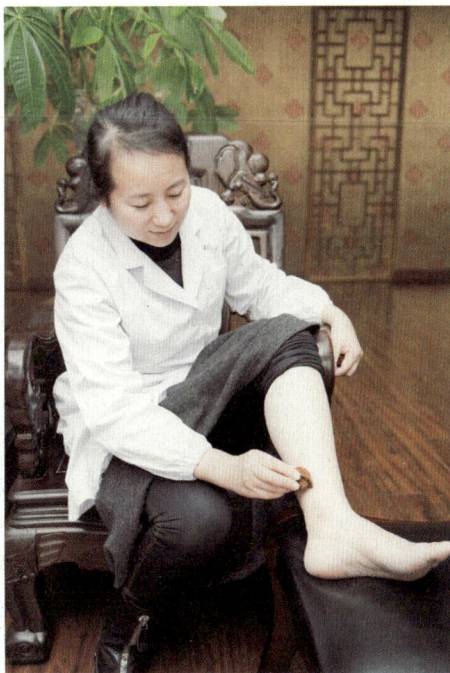

第三篇

把玩核桃 学会调养体质

2. 饮食起居

居住环境应远离潮湿，阴雨季避免湿邪侵袭，常洗热水澡，多穿衣，多晒太阳。宜食性味甘温、具有健脾利湿作用的食物，如冬瓜、红小豆、扁豆、白萝卜、南瓜、紫菜、洋葱、薏苡仁、包菜、茯苓、海参、鲍鱼、杏子、荔枝、柠檬、樱桃、杨梅、槟榔、佛手、栗子等；少食甜黏油腻、高盐及贝类海产品，少喝酒，勿过饱；忌吃生冷性寒之品、忌吃饴糖、柚子、李子、柿子、肥肉。

3. 运动及音乐

多参加社会活动，培养广泛兴趣爱好，不过度思虑，应豁达乐观。宜听激昂高亢的音乐，如徵调式乐曲《山居吟》《文王操》《樵歌》《渔歌》《步步高》《狂欢》《解放军进行曲》《卡门序曲》。

（五）湿热体质养生操

1. 核桃按摩的特效穴位及手法

上肢部

合谷：用核桃尖端，选择"点压"手法。

曲池：用核桃尖端，选择"点压"手法。

下肢部

丰隆：用核桃尖端，选择"点压"手法。

足三里：用核桃尖端，选择"点压"手法。

阴陵泉：用核桃尖端，选择"点压"手法。

三阴交：用核桃尖端，选择"点压"手法。

合谷

在手背，第1、2掌骨间，第2掌骨桡侧的中点处。

取坐姿，保持平静呼吸，右手握一核桃，使核桃尖端对准左侧穴位，心中默念"1、2、3、4、5、6、7、8"按压，重复8次，共64次。对侧也按相同方法操作。

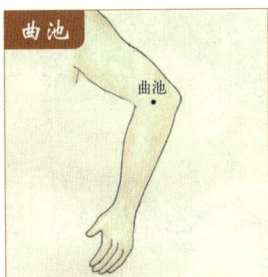

曲池

肘部弯曲时肘横纹桡侧端。

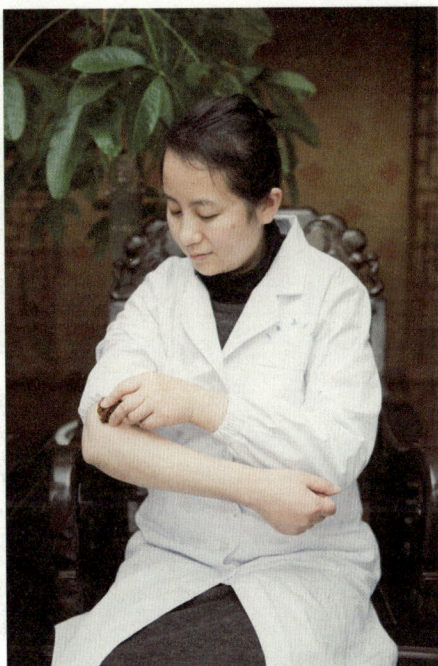

取坐姿，保持平静呼吸，左手握一核桃，使核桃尖端对准右侧穴位，心中默念"1、2、3、4、5、6、7、8"按压，重复8次，共64次。对侧也按相同方法操作。

丰隆

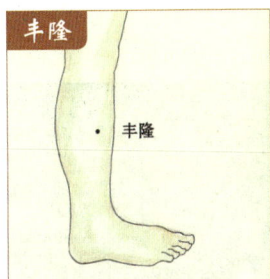

小腿前外侧，外膝眼和外踝的连线中点。

取坐姿，保持平静呼吸，左手握一核桃，使核桃尖端对准左侧穴位，心中默念"1、2、3、4、5、6、7、8"按压，重复8次，共64次。对侧也按相同方法操作。

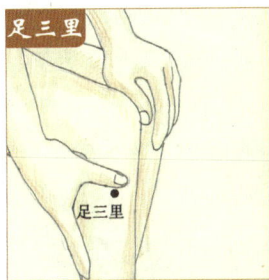

足三里

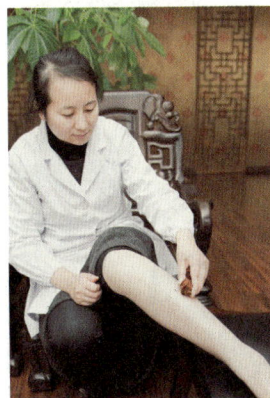

外膝眼正中直下3寸，胫骨外侧旁开1横指。

取坐姿，保持平静呼吸，右手握一核桃，使核桃尖端对准左侧穴位，心中默念"1、2、3、4、5、6、7、8"按压，重复8次，共64次。对侧也按相同方法操作。

第三篇　把玩核桃　学会调养体质

阴陵泉

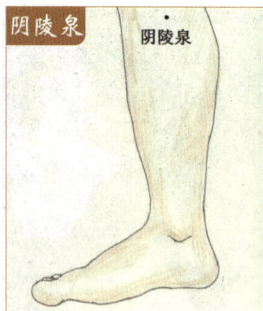

阴陵泉

在小腿内侧，膝下胫骨内侧
髁下方凹陷中。

取坐姿，保持平静呼吸，右手握一核桃，使
核桃尖端对准左侧穴位，心中默念"1、2、
3、4、5、6、7、8"按压，重复8次，共64
次。对侧也按相同方法操作。

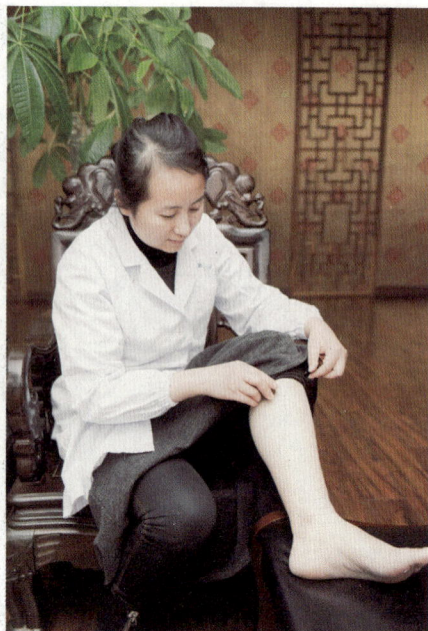

三阴交

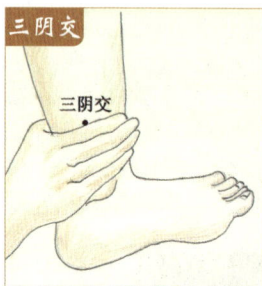

三阴交

足内踝尖上3寸，胫骨内侧
缘后方。

取坐姿，保持平静呼吸，右手握一核桃，
使核桃尖端对准左侧穴位，心中默念"1、2、3、
4、5、6、7、8"按压，重复8次，共64次。
对侧也按相同方法操作。

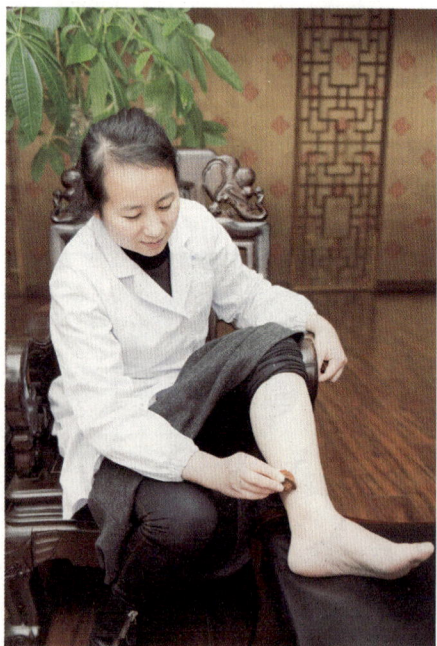

2. 饮食起居

居处应避暑湿（热），干燥通风。食宜性味甘寒、甘平，具有清热利湿作用的食物。常吃红小豆、绿豆、薏苡仁、芹菜、黄瓜、冬瓜、藕、荠菜、西红柿、草莓、茵陈蒿；可适量吃苦瓜、苦苣、西瓜；少食甜黏油腻，少饮酒，少吃盐；忌辛温、滋腻、过饱。可用石竹、苦丁、莲子心、竹叶、玉米须泡茶饮。

3. 运动及音乐

长期坚持运动，如健身舞、韵律操、骑自行车等。经常听一些悠闲、和缓的音乐如中国古典音乐中的古琴、萧独奏等。多听宫调式乐曲，如《春江花月夜》《月儿高》《月光奏鸣曲》《高山》《流水》《摇篮曲》。

（六）血瘀体质养生操

1. 核桃按摩的特效穴位及手法

身部

膈俞：用核桃尖端，选择"点压"或"弹拨"手法。

下肢部

足三里：用核桃尖端，选择"点压"手法。

血海：用核桃尖端，选择"点压"手法。

阳陵泉：用核桃尖端，选择"点压"手法。

太冲：用核桃尖端，选择"点压"手法。

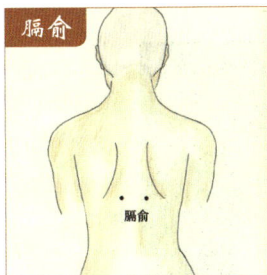

膈俞

在背部，第七胸椎棘突，正中线旁开1.5寸处。

取坐姿，保持平静呼吸，双手各握住一核桃，将手转到背后，使核桃尖端对准穴位，心中默念"1、2、3、4、5、6、7、8"按压，重复8次，共64次。

足三里

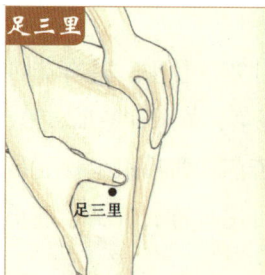

外膝眼正中直下3寸，胫骨外侧旁开1横指。

取坐姿，保持平静呼吸，右手握一核桃，使核桃尖端对准左侧穴位，心中默念"1、2、3、4、5、6、7、8"按压，重复8次，共64次。对侧也按相同方法操作。

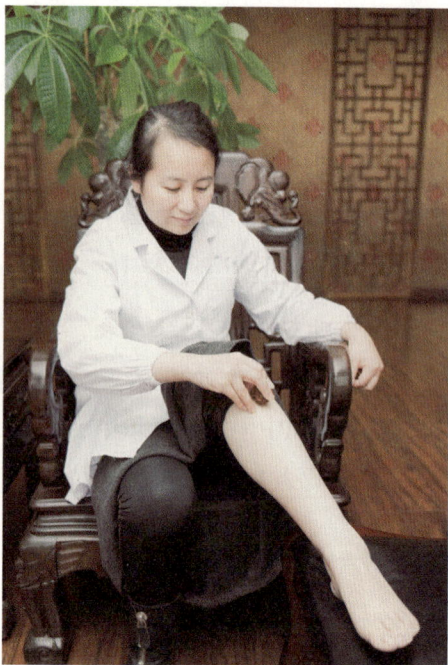

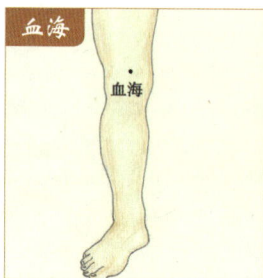

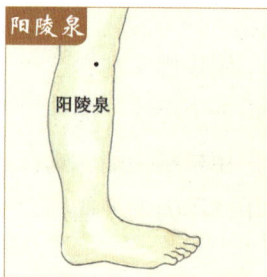

血海

在大腿内侧，髌骨内上缘上2寸。

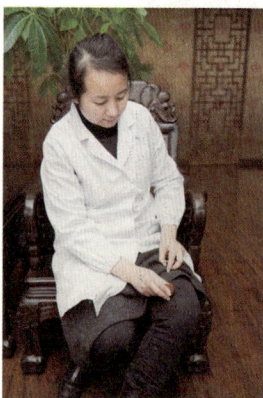

取坐姿，保持平静呼吸，右手握一核桃，使核桃尖端对准左侧穴位，心中默念"1、2、3、4、5、6、7、8"按压，重复8次，共64次。对侧也按相同方法操作。

阳陵泉

在膝盖斜下方，小腿外侧之腓骨小头前下方凹陷中。

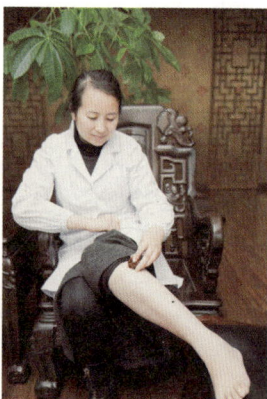

取坐姿，保持平静呼吸，左手握一核桃，使核桃尖端对准左侧穴位，心中默念"1、2、3、4、5、6、7、8"按压，重复8次，共64次。对侧也按相同方法操作。

太冲

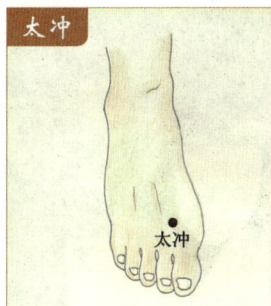

在足背侧，第1、2跖骨结合部之前凹陷处。

太冲

取坐姿，保持平静呼吸，右手握一核桃，使核桃尖端对准左足穴位，心中默念"1、2、3、4、5、6、7、8"按压，重复8次，共64次。对侧也按相同方法操作。

2. 饮食起居

居处宜温不宜凉，冬应防寒。宜食性味辛温、具有活血化瘀作用的食物，如山楂、桃仁、油菜、黑大豆、红糖、丝瓜、莲藕、洋葱、蘑菇、香菇、猴头菇、木耳、海带、魔芋、金针菇、菠萝、橘仁、菱角等；少吃蛋黄、蟹子、猪肉、奶酪；适量饮用葡萄酒、黄酒；可用月季花、玫瑰花、玉米须泡茶饮。

3. 运动及音乐

户外运动强度要适中，可进行小负荷、多次数的活动，如舞蹈、步行健身法、太极拳（剑）、五禽戏、导引。选择激昂高亢、令人振奋的音乐，如徵调式乐曲《山居吟》《文王操》《樵歌》《渔歌》《步步高》《狂欢》《解放军进行曲》《卡门序曲》。

（七）气郁体质养生操

1. 核桃按摩的特效穴位及手法

上肢部

内关：用核桃尖端，选择"点压"手法。

支沟：用核桃尖端，选择"点压"手法。

身部

气海：用核桃尖端，选择"点压"或"震动"手法。

肝俞：用核桃尖端，选择"点压"或"弹拨"手法。

膻中：用核桃尖端，选择"点压"手法。

下肢部

太冲：用核桃尖端，选择"点压"手法。

养生操

内关

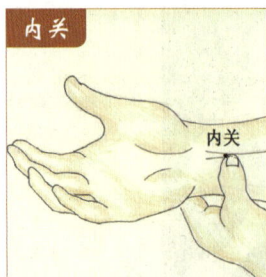

在前臂掌侧，腕掌横纹中点向上2寸，掌长肌腱与桡侧腕屈肌腱之间。

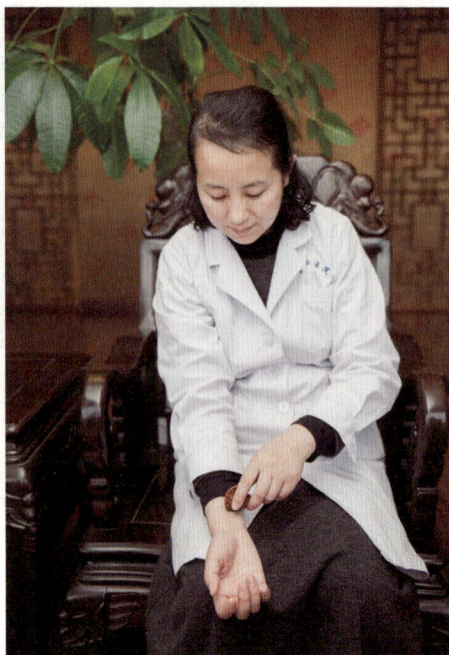

取坐姿，保持平静呼吸，左手握一核桃，使核桃尖端对准右侧穴位，心中默念"1、2、3、4、5、6、7、8"按压，重复8次，共64次。对侧也按相同方法操作。

支沟

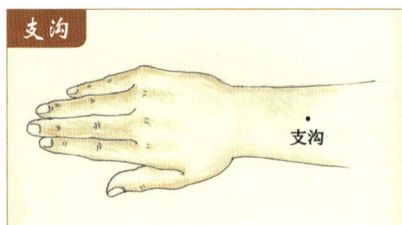

支沟

在手背，腕横纹上3寸，尺骨与桡骨之间。

气海

气海

在腹部，身体前正中线，脐中下1.5寸。

取坐姿，保持平静呼吸，右手握一核桃，使核桃尖端对准左侧穴位，心中默念"1、2、3、4、5、6、7、8"按压，重复8次，共64次。对侧也按相同方法操作。

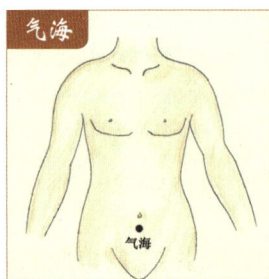

取坐姿，保持平静呼吸，左手或右手握住一核桃，使核桃尖端对准穴位，心中默念"1、2、3、4、5、6、7、8"按压，重复8次，共64次。

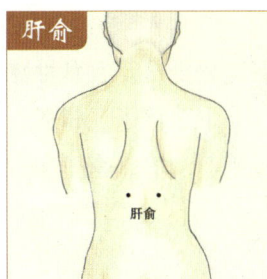

肝俞

肝俞

在背部，第9胸椎棘突下，旁开1.5寸。

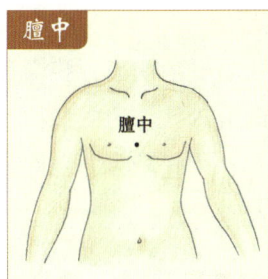

膻中

膻中

在前正中线上，两乳头连线的中点。

取坐姿，保持平静呼吸，双手各握住一核桃，将手转到背后，使核桃尖端对准穴位，心中默念"1、2、3、4、5、6、7、8"按压，重复8次，共64次。

取坐姿，保持平静呼吸，左手或右手握一核桃，使核桃尖端对准穴位，心中默念"1、2、3、4、5、6、7、8"按压，重复8次，共64次。

第三篇

把玩核桃 学会调养体质

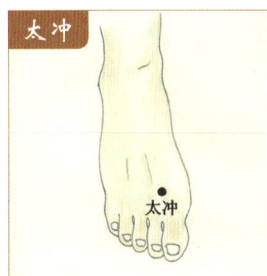

太冲

太冲

在足背侧，第1、2跖骨结合部之前凹陷处。

取坐姿，保持平静呼吸，右手握一核桃，使核桃尖端对准左足穴位，心中默念"1、2、3、4、5、6、7、8"按压，重复8次，共64次。对侧也按相同方法操作。

2. 饮食起居

居住环境宜宽敞明亮，装饰宜明快亮丽，衣着宽松舒适。宜食性味辛温，具有疏肝理气作用的食物，如茴香、佛手、萝卜、橙子、柑子、刀豆、金橘等；少吃酸菜、乌梅、石榴、青梅、杨梅、酸枣、李子、柠檬等；宜饮花茶。

3. 运动及音乐

宜动不宜静，动则养神。可进行跑步、球类、登山、太极拳（剑）、五禽戏、游泳、广场舞等户外运动。多听轻快、明朗、激越的音乐，如徵调式乐曲《山居吟》《文王操》《樵歌》《渔歌》《步步高》《狂欢》《解放军进行曲》《卡门序曲》；角调式乐曲《列子御风》《庄周梦蝶》《春之声圆舞曲》《蓝色多瑙河》《江南丝竹乐》《春风得意》。

（八）特禀体质养生操

1. 核桃按摩的特效穴位及手法

上肢部

合谷：用核桃尖端，选择"点压"手法。

曲池：用核桃尖端，选择"点压"手法

身部

大椎：用核桃尖端，选择"点压"或"弹拨"手法。

下肢部

三阴交：用核桃尖端，选择"点压"手法。

足三里：用核桃尖端，选择"点压"手法。

太冲：用核桃尖端，选择"点压"手法。

合谷

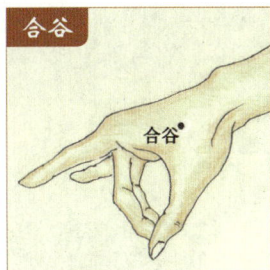

在手背，第1、2掌骨间，第2掌骨桡侧的中点处。

取坐姿，保持平静呼吸，右手握一核桃，使核桃尖端对准左侧穴位，心中默念"1、2、3、4、5、6、7、8"按压，重复8次，共64次。对侧也按相同方法操作。

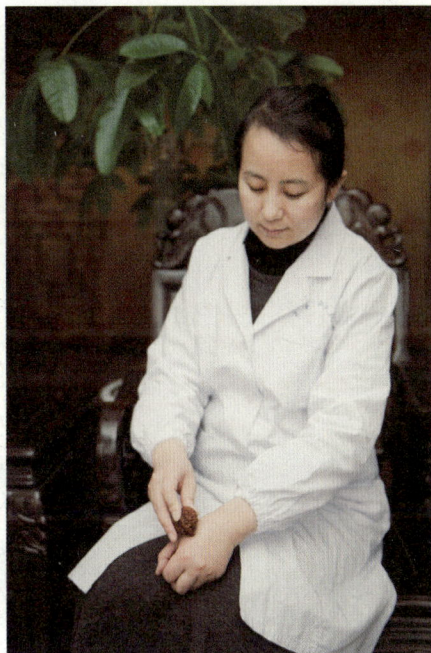

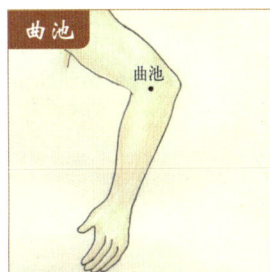

曲池

肘部弯曲时肘横纹桡侧端。

取坐姿，保持平静呼吸，左手握一核桃，使核桃尖端对准右侧穴位，心中默念"1、2、3、4、5、6、7、8"按压，重复8次，共64次。对侧也按相同方法操作。

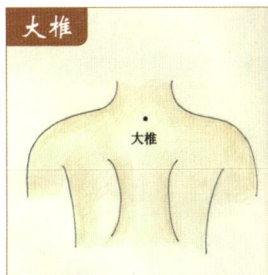

大椎

第7颈椎棘突下凹陷中。

取坐姿，保持平静呼吸，左手或右手握一核桃，使核桃尖端对准穴位，心中默念"1、2、3、4、5、6、7、8"按压，重复8次，共64次。

第三篇 把玩核桃 学会调养体质

三阴交

三阴交

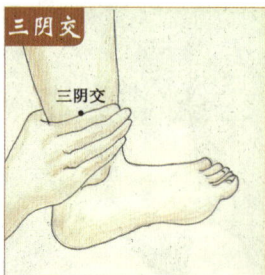

足内踝尖上3寸，胫骨内侧缘后方。

取坐姿，保持平静呼吸，右手握一核桃，使核桃尖端对准左侧穴位，心中默念"1、2、3、4、5、6、7、8"按压，重复8次，共64次。对侧也按相同方法操作。

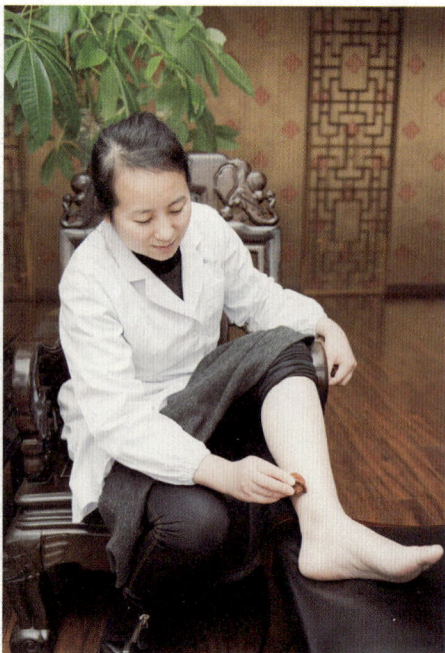

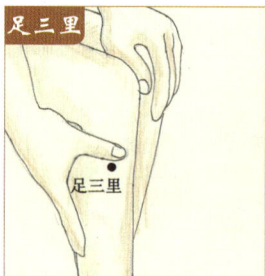

足三里

足三里

外膝眼正中直下3寸，胫骨外侧旁开1横指。

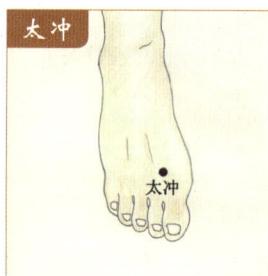

取坐姿，保持平静呼吸，右手握一核桃，使核桃尖端对准左侧穴位，心中默念"1、2、3、4、5、6、7、8"按压，重复8次，共64次。对侧也按相同方法操作。

太冲

太冲

在足背侧，第1、2跖骨结合部之前凹陷处。

取坐姿，保持平静呼吸，右手握一核桃，使核桃尖端对准左足穴位，心中默念"1、2、3、4、5、6、7、8"按压，重复8次，共64次。对侧也按相同方法操作。

2. 饮食起居

居室应常通风，保持空气清新，季节变化注意增减衣被。过敏季节减少户外活动，尽量避免接触冷空气及明确知道的过敏物质。饮食宜清淡，食用益气固表之品。常吃糙米、蔬菜、蜂蜜、香菇、灰树花、茶树菇、姬松茸等；少食荞麦、蚕豆、白扁豆、牛肉、鹅肉、鲤鱼、虾、蟹、茄子等腥膻发物及含致敏物质的食物；忌烟酒，忌过敏原食物，忌辣椒、浓茶、咖啡等辛辣之品。

3. 运动及音乐

坚持运动以增强体质，可选择慢跑、瑜伽、散步、太极拳（剑）、八段锦等。根据个人喜好选择音乐，各种风格的音乐可以交替欣赏。

（九）平和体质养生操

1. 核桃按摩的特效穴位及手法

身部

关元：用核桃尖端，选择"点压"或"震动"手法。

气海：用核桃尖端，选择"点压"或"震动"手法。

下肢部

足三里：用核桃尖端，选择"点压"手法。

涌泉：用核桃尖端，选择"点压"手法。

三阴交：用核桃尖端，选择"点压"手法。

把玩核桃 学会调养体质

关元

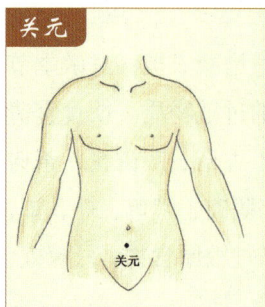

外膝眼正中直下 3 寸，胫骨外侧旁开 1 寸。

取坐姿，保持平静呼吸，右手握一核桃，使核桃尖端对准左侧穴位，心中默念"1、2、3、4、5、6、7、8"按压，重复 8 次，共 64 次。对侧也按相同方法操作。

气海

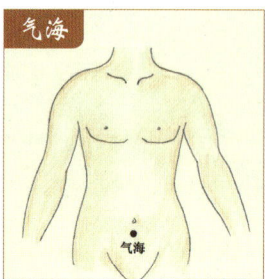

在腹部，身体前正中线，脐中下 1.5 寸。

取坐姿，保持平静呼吸，左手或右手握住一核桃，使核桃尖端对准穴位，心中默念"1、2、3、4、5、6、7、8"按压，重复 8 次，共 64 次。

足三里

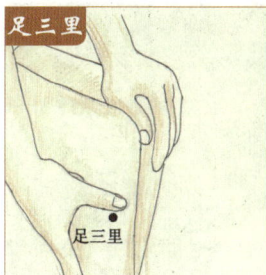

外膝眼正中直下 3 寸，胫骨外侧旁开 1 横指。

取坐姿，保持平静呼吸，右手握一核桃，使核桃尖端对准左侧穴位，心中默念"1、2、3、4、5、6、7、8"按压，重复 8 次，共 64 次。对侧也按相同方法操作。

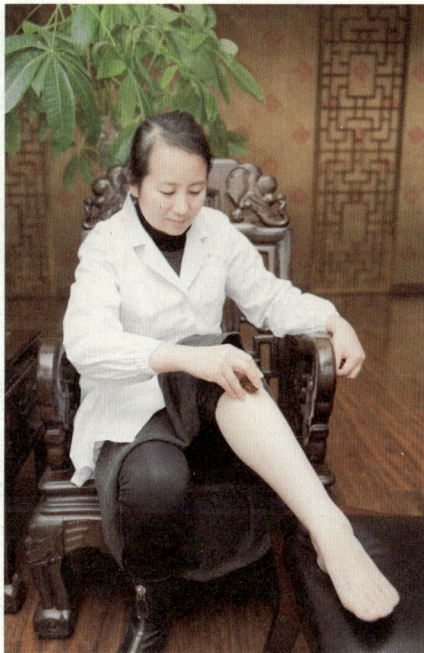

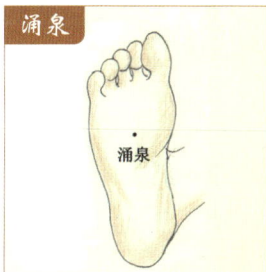

涌泉

在足底部，屈足卷趾时足前部凹陷处，约足底第 2、3 跖趾缝纹头端与足跟连线的前 1/3 与后 2/3 交点上。

取坐姿，保持平静呼吸，右手握一核桃，使核桃尖端对准左足穴位，心中默念"1、2、3、4、5、6、7、8"按压，重复 8 次，共 64 次。对侧也按相同方法操作。

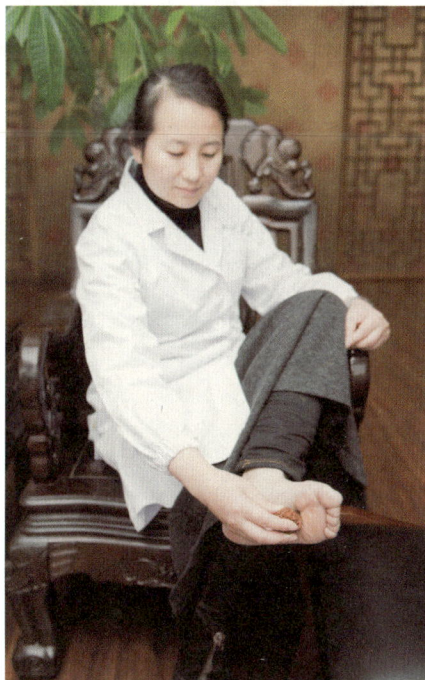

第三篇

把玩核桃 学会调养体质

三阴交

三阴交

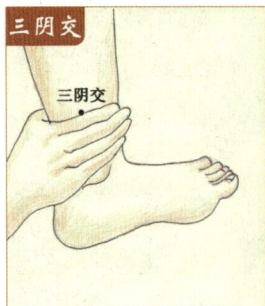

足内踝尖上3寸，胫骨内侧
缘后方。

取坐姿，保持平静呼吸，右手握一核桃，
使核桃尖端对准左足穴位，心中默念"1、2、
3、4、5、6、7、8"按压，重复8次，共64次。
对侧也按相同方法操作。

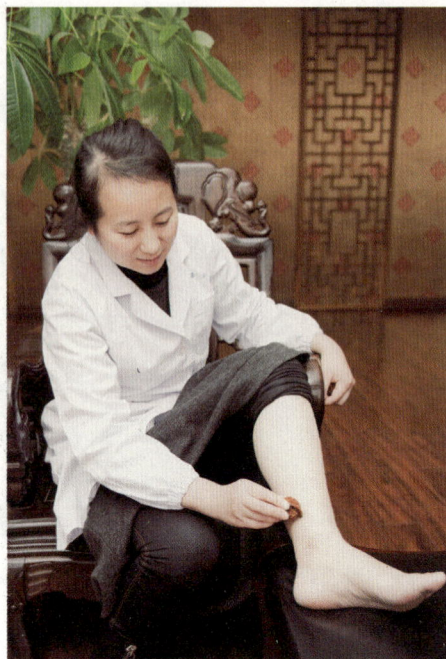

2. 饮食起居

起居应顺应四时阴阳，劳逸结合，生活规律。食物可多样化，饮食
有节，膳食平衡，四时调补，气味调和，不可偏寒偏热。

3. 运动及音乐

适度运动即可，如散步、八段锦、健身舞、太极拳（剑）、五禽戏。
根据个人喜好选择音乐。

第四篇

两只核桃在手 操练健康好助手

核桃融合了中医针刺、按摩、刮痧以及情志养生的优点，比如核桃的尖端刺激穴位比按摩力度重、比毫针刺激小，一般人群都能接受，而且操作技术要求不是很高。核桃的棱条以及凹凸不平的表面非常适合用来刮痧，而且刺激力度更大，对于一些刮痧板不容易操作的区域，小小的核桃都能刮到。核桃养生的过程也是养心的过程，在把玩核桃的过程中，情趣日增，心情舒展，是一种很好的心理治疗方法。

一、核桃养生操（通用版）详解

（一）手戏双珠乐逍遥

具体步骤：左手握两颗核桃，逆时针旋转揉动 64 次，然后右手交替顺时针旋转揉动 64 次。也可以用双手搓揉或者挤压核桃，以手掌微微泛红微热为度。

穴位：手部心经、心包经腧穴。

功效：有助于疏通手部经络，促进手部的气血运行，锻炼双手指关节，防治鼠标手及指关节炎。

（二）指压双核百病消

具体步骤：左手握两颗核桃，用五指指腹及指尖用力点按核桃，有节奏地反复点按 64 次，力度为指尖稍感酸胀为度。右手做法同左手。

穴位：少商、商阳、中冲、关冲、少冲、少泽。

少商——拇指末端桡侧，指甲根角侧上方 0.1 寸；

商阳——食指末节桡侧，指甲根角侧上方 0.1 寸；

中冲——中指末节尖端中央；

关冲——在手无名指末节尺侧，指甲根角侧上方 0.1 寸；

少冲——小指末节桡侧，指甲根角侧上方 0.1 寸；

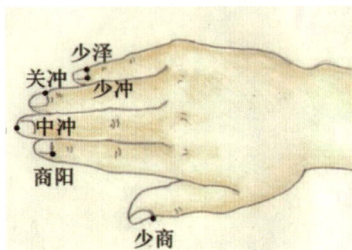

少泽——小指末节尺侧，指甲根角侧上方 0.1 寸；

功效：对于扁桃体炎、感冒发烧、咽喉肿痛都有较好疗效，同时具有强精壮阳之效，可延缓性衰老。

（三）核转头颈身体好

具体步骤：用左右手各握核桃，使核桃尖端压在颈部及头后部的穴位上，左右旋转按压 64 次，力度以稍感酸痛为度。

穴位：风池、大椎、天柱。

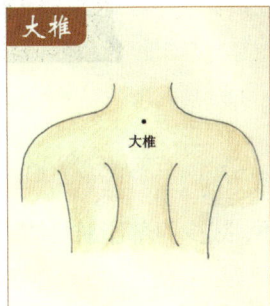

大椎

第 7 颈椎棘突下凹陷中。

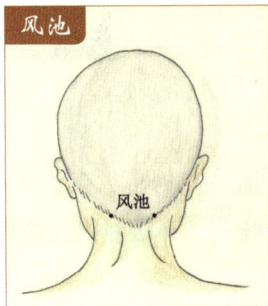

风池

在后头部，枕骨下两侧后发际处，斜方肌上端与胸锁乳突肌之间的凹陷中。

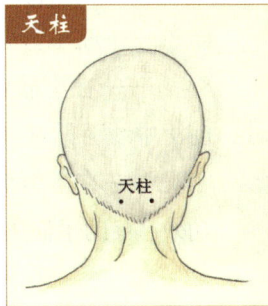

天柱

在后颈部，后发际斜方肌（两条粗大肌肉）外缘凹陷内。

风池——在后头部，枕骨下两侧后发际处，斜方肌上端与胸锁乳突肌之间的凹陷中；

大椎——第7颈椎棘突下凹陷中；

天柱——在后颈部，后发际斜方肌（两条粗大肌肉）外缘凹陷内。

功效：对治疗头痛、眩晕、颈项强痛、目赤痛、目泪出、鼻渊、鼻出血、耳聋、气闭、感冒、瘿气、落枕、荨麻疹等疾患都有一定的功效。

（四）腹部滚核脂肪少

具体步骤：以神阙穴（脐部）为中心，以掌拖核桃摩腹，慢而轻柔地顺时针按摩，以腹部微微发热为度。

穴位：神阙、天枢、外陵、水道。

神阙——在脐部，脐中央；

天枢——脐中旁开2寸；

外陵——在下腹部，脐中下2寸，前正中线旁开2寸；

水道——在下腹部，脐中下3寸，距前正中线2寸。

功效：有助于促进胃肠蠕动和腹腔内血液循环，减少腹部脂肪堆积。

（五）核摩肾区防衰老

具体步骤：舌抵上腭，双目微闭，双臂后展，两手以拇指、食指和中指抓住核桃摩擦双侧肾俞穴及周围区域，至出现酸胀感，且腰部微微发热为度，一般每次5～10分钟。散步时，也不妨双手握核桃，边走边轻轻击打肾俞穴，每次击打30～50次。

穴位：肾俞、气海、上髎、会阳、志室。

肾俞——在背部，第2腰椎棘突下旁开1.5寸；

气海——在腹部，身体前正中线，脐中下1.5寸；

上髎——在骶区，正对第1骶后孔中；

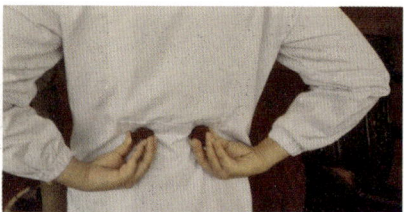

会阳——在骶区，尾骨端旁开0.5寸；

志室——在腰区，第2腰椎棘突下，后正中线旁开3寸。

功效：有助于防衰老，对治疗腰膝酸软和性冷淡也有一定的效果。

（六）核刮手经人更俏

具体步骤：用手持核桃像刮痧一样刮磨手臂分布的6条经脉巡行的部位，从手臂刮磨至手指部位，力度以刮磨至皮肤稍红为度。

穴位：肺经、心经、心包经、大肠经、小肠经。

功效：有助于促进经络的气血运行，使其保持顺畅，而且对心、肺、大肠、小肠等脏腑的保养也有功效，经常刮磨有助保持皮肤弹性。

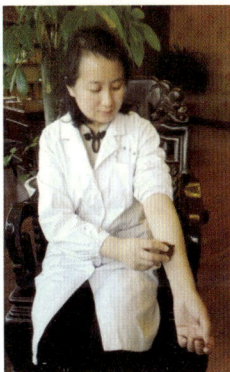

二、57种常见病症的核桃养生操

（一）感冒

季节交替时，气温和湿度变化大，病毒和细菌活跃，人体一时难以适应天气的变化，特别容易感冒。平时经常洗手，多补充水分，饮食均衡，睡眠充足，合理锻炼，避免去人多的地方，就可大大减少感冒次数。另外，坚持用核桃按摩一些穴位，可有效缓解感冒症状，并能提高身体抗病能力。

感冒按摩的特效穴位及手法

头部

太阳：用核桃尖端，选择"点压"手法。

风府：用核桃尖端，选择"点压"手法。

上肢部

曲池：用核桃尖端，选择"点压"手法。

下肢部

足三里：用核桃尖端，选择"点压"手法。

养生操

太阳

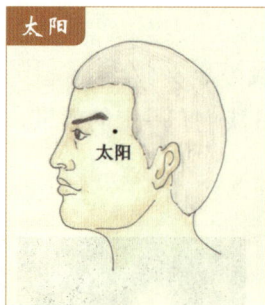

在头部，当眉梢与目外眦之间，向后约1横指的凹陷中。

取坐姿，保持平静呼吸，双手各握一核桃，使核桃尖端对准穴位，心中默念"1、2、3、4、5、6、7、8"按压，重复8次，共64次。

风府

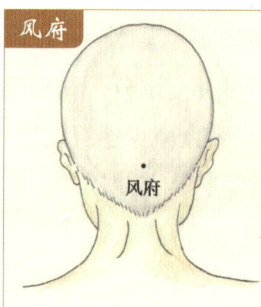

后发际正中直上1寸，枕外隆凸直下，两侧斜方肌之间凹陷处。

取坐姿，保持平静呼吸，左手或右手握一核桃，使核桃尖端对准穴位，心中默念"1、2、3、4、5、6、7、8"按压，重复8次，共64次。

曲池

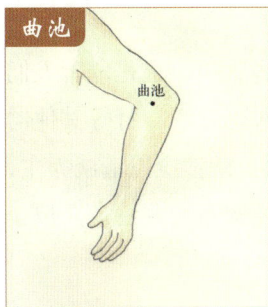

肘部弯曲时肘横纹桡侧端。

取坐姿，保持平静呼吸，左手握一核桃，使核桃尖端对准右侧穴位，心中默念"1、2、3、4、5、6、7、8"按压，重复8次，共64次。对侧也按相同方法操作。

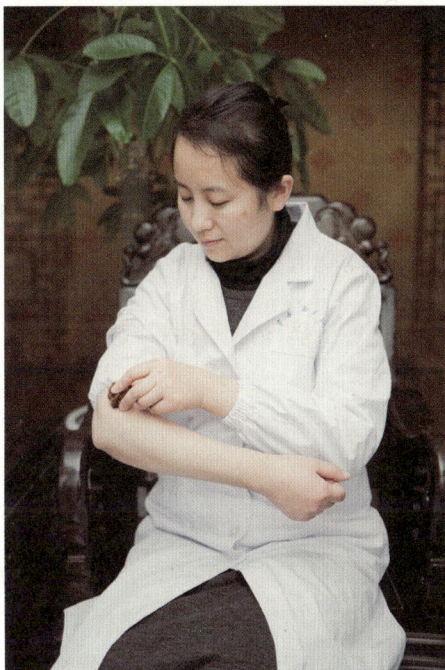

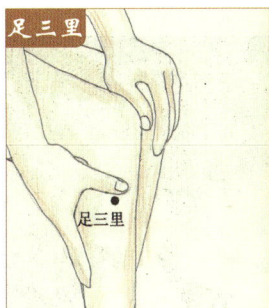

第四篇

两只核桃在手 操练健康好助手

足三里

外膝眼正中直下3寸，胫骨外侧旁开1横指。

取坐姿，保持平静呼吸，右手握一核桃，使核桃尖端对准左侧穴位，心中默念"1、2、3、4、5、6、7、8"按压，重复8次，共64次。对侧也按相同方法操作。

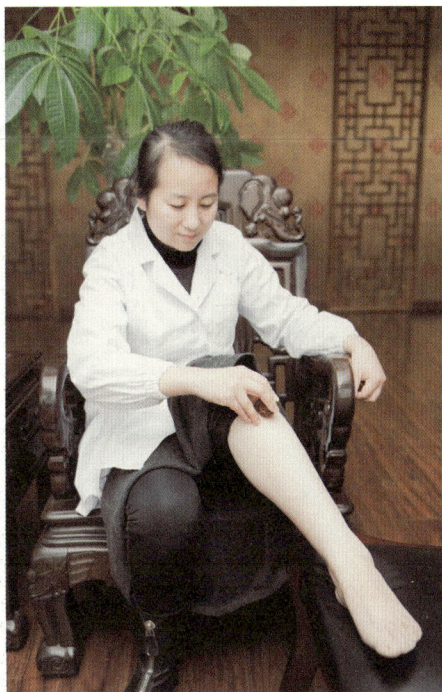

（二）高血压病

高血压病是目前最常见、最重要的心血管疾病之一，也是危害人们健康和生命的一大杀手。持续性的高血压还会引起脑、心、肾等其他器官的损害。日常生活中，应避免情绪激动、暴怒等。饮食应以清淡为主，严格控制食盐摄入量，戒烟限酒。平时坚持用核桃按摩一些特定穴位，也可帮助降低血压。

高血压病按摩的特效穴位及手法

上肢部

曲池：用核桃尖端，选择"点压"手法。

身部

大椎：用核桃尖端，选择"点压"手法。

下肢部

涌泉：用核桃尖端，选择"点压"手法。

太溪：用核桃尖端，选择"点压"手法。

太冲：用核桃尖端，选择"点压"手法。

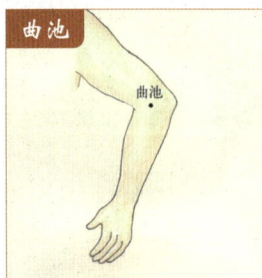

曲池

肘部弯曲时肘横纹桡侧端。

取坐姿，保持平静呼吸，左手握一核桃，使核桃尖端对准右侧穴位，心中默念"1、2、3、4、5、6、7、8"按压，重复8次，共64次。对侧也按相同方法操作。

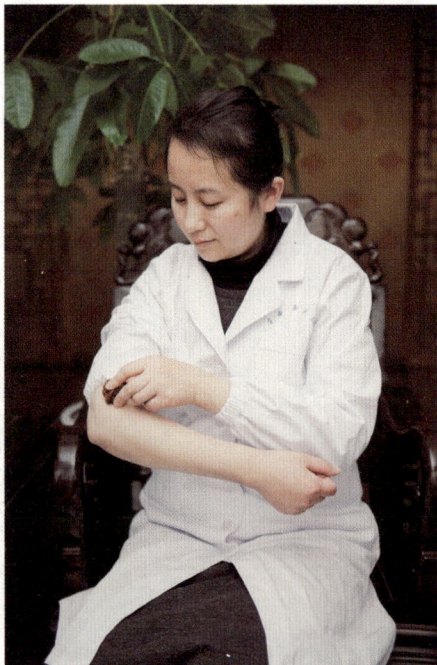

大椎

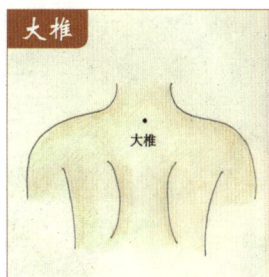

第7颈椎棘突下凹陷中。

取坐姿，保持平静呼吸，左手或右手握一核桃，使核桃尖端对准穴位，心中默念"1、2、3、4、5、6、7、8"按压，重复8次，共64次。

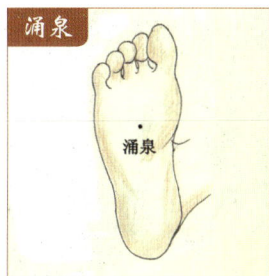

涌泉

在足底部，屈足卷趾时足前部凹陷处，约足底第2、3跖趾缝纹头端与足跟连线的前1/3与后2/3交点上。

取坐姿，保持平静呼吸，右手握一核桃，使核桃尖端对准左足穴位，心中默念"1、2、3、4、5、6、7、8"按压，重复8次，共64次。对侧也按相同方法操作。

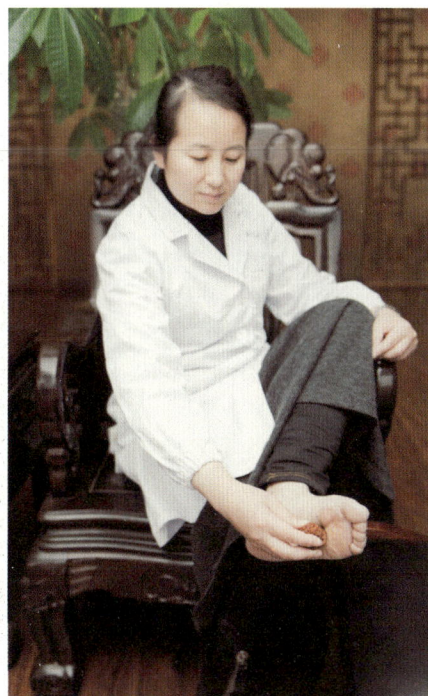

第四篇 两只核桃在手 操练健康好助手

太溪

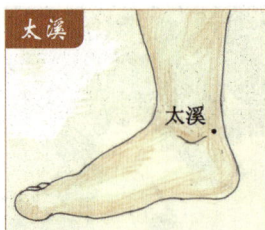

足内侧，内踝后方，内踝高点与跟腱之间的凹陷处。

取坐姿，保持平静呼吸，右手握一核桃，使核桃尖端对准左足穴位，心中默念"1、2、3、4、5、6、7、8"按压，重复8次，共64次。对侧也按相同方法操作。

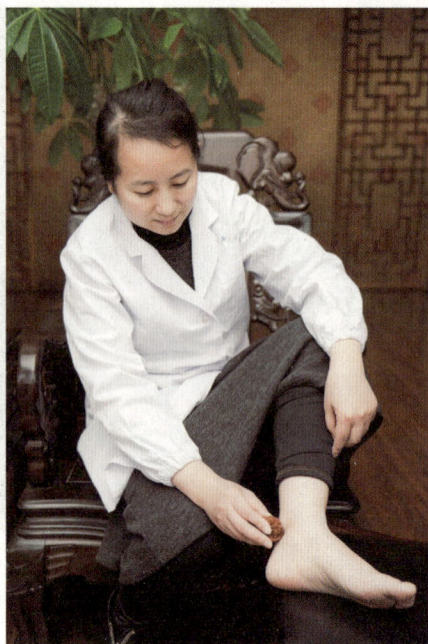

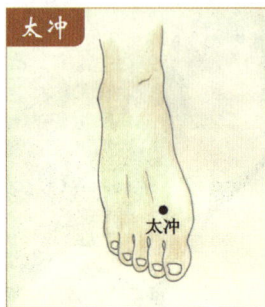

太冲

在足背侧，第1、2跖骨结合部之前凹陷处。

取坐姿，保持平静呼吸，右手握一核桃，使核桃尖端对准左足穴位，心中默念"1、2、3、4、5、6、7、8"按压，重复8次，共64次。对侧也按相同方法操作。

（三）冠心病、心绞痛

心绞痛是冠心病的一个最常见类型，其直接病因是由于冠状动脉供血不足，心肌缺血、缺氧，舌下含服硝酸甘油片可在 1 ~ 2 分钟内缓解。中医学认为"不通则痛"，在心绞痛缓解期，坚持使用核桃按摩一些特效穴位，有改善相应脏器微循环、调和气血运行的作用，可有效减少心绞痛的发作频率。

冠心病、心绞痛按摩的特效穴位及手法

上肢部

阴郄：用核桃尖端，选择"点压"手法。

内关：用核桃尖端，选择"点压"手法。

郄门：用核桃尖端，选择"点压"手法。

下肢部

公孙：用核桃尖端，选择"点压"或"叩击"手法。

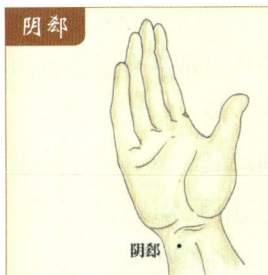

阴郄

在前臂掌侧，尺侧腕屈肌腱的桡侧缘，腕横纹上 0.5 寸。

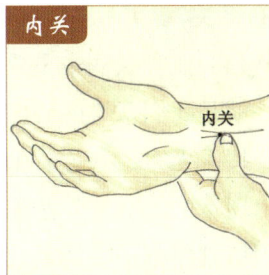

内关

在前臂掌侧，腕掌横纹中点向上 2 寸，掌长肌腱与桡侧腕屈肌腱之间。

取坐姿，保持平静呼吸，右手握一核桃，使核桃尖端对准左侧穴位，心中默念"1、2、3、4、5、6、7、8"按压，重复 8 次，共 64 次。对侧也按相同方法操作。

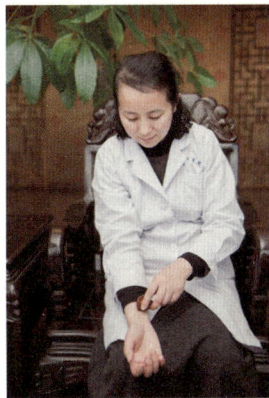

取坐姿，保持平静呼吸，左手握一核桃，使核桃尖端对准右侧穴位，心中默念"1、2、3、4、5、6、7、8"按压，重复 8 次，共 64 次。对侧也按相同方法操作。

两只核桃在手 操练健康好助手

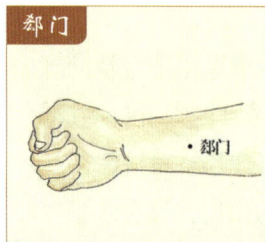

| 郄门 | 在腕横纹上5寸，掌长肌腱与桡侧腕屈肌腱之间。 |

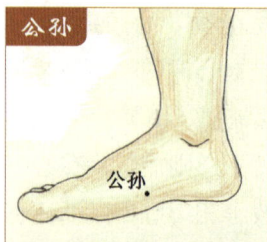

取坐姿，保持平静呼吸，右手握一核桃，使核桃尖端对准左侧穴位，心中默念"1、2、3、4、5、6、7、8"按压，重复8次，共64次。对侧也按相同方法操作。

| 公孙 | 在足内侧缘，第1跖骨基底部的前下方。 |

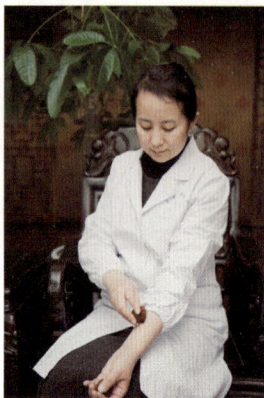

取坐姿，保持平静呼吸，右手握一核桃，使核桃尖端对准左足穴位，心中默念"1、2、3、4、5、6、7、8"按压，重复8次，共64次。对侧也按相同方法操作。

（四）心律失常

心律失常是心血管疾病中重要的一种疾病。心律失常患者最常见的症状是心悸，就是我们常说的心慌。患者还会出现胸闷、胸痛、憋气、头晕、头胀、疲乏无力、气急、手足发凉等缺血和缺氧症状，严重的患者甚至可以出现晕厥、神志不清等。目前临床上多采用手术或药物治疗，而平时坚持用核桃按摩一些特效穴位，可有效辅助防治心律失常。

心律失常按摩的特效穴位及手法

上肢部

神门：用核桃尖端，选择"点压"或"弹拨"手法。

内关：用核桃尖端，选择"点压"手法。

间使：用核桃尖端，选择"点压"手法。

身部

膻中：用核桃尖端，选择"点压"手法。

下肢部

三阴交：用核桃尖端，选择"点压"手法。

神门

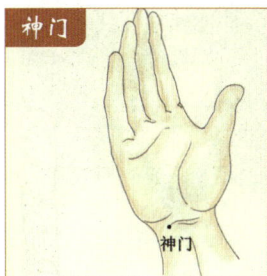

在腕部，腕掌侧横纹尺侧端，尺侧腕屈肌腱的桡侧凹陷处。

取坐姿，保持平静呼吸，左手握一核桃，使核桃尖端对准右侧穴位，心中默念"1、2、3、4、5、6、7、8"按压，重复8次，共64次。对侧也按相同方法操作。

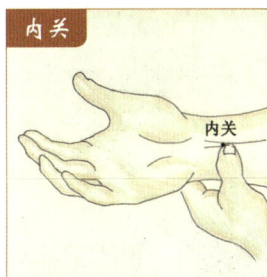

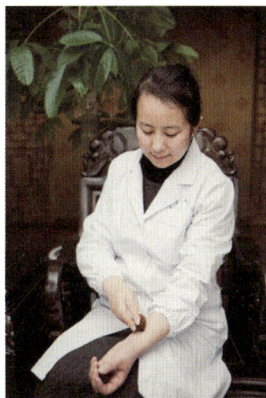

内关

在前臂掌侧，腕掌横纹中点向上2寸，掌长肌腱与桡侧腕屈肌腱之间。

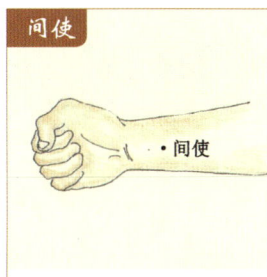

取坐姿，保持平静呼吸，左手握一核桃，使核桃尖端对准右侧穴位，心中默念"1、2、3、4、5、6、7、8"按压，重复8次，共64次。对侧也按相同方法操作。

间使

在前臂掌侧，曲泽与大陵的连线上，腕横纹上3寸。

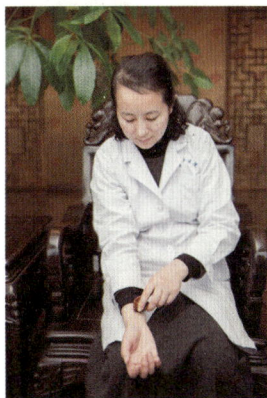

取坐姿，保持平静呼吸，右手握一核桃，使核桃尖端对准左侧穴位，心中默念"1、2、3、4、5、6、7、8"按压，重复8次，共64次。对侧也按相同方法操作。

第四篇

两只核桃在手 操练健康好助手

膻中

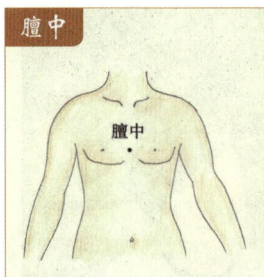

在前正中线上，两乳头连线的中点。

取坐姿，保持平静呼吸，左手或右手握住一核桃，使核桃尖端对准穴位，心中默念"1、2、3、4、5、6、7、8"按压，重复8次，共64次。

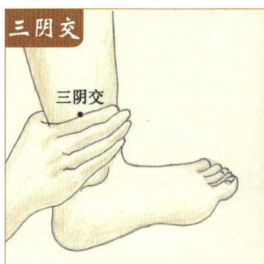

三阴交

足内踝尖上3寸，胫骨内侧缘后方。

取坐姿，保持平静呼吸，右手握一核桃，使核桃尖端对准左侧穴位，心中默念"1、2、3、4、5、6、7、8"按压，重复8次，共64次。对侧也按相同方法操作。

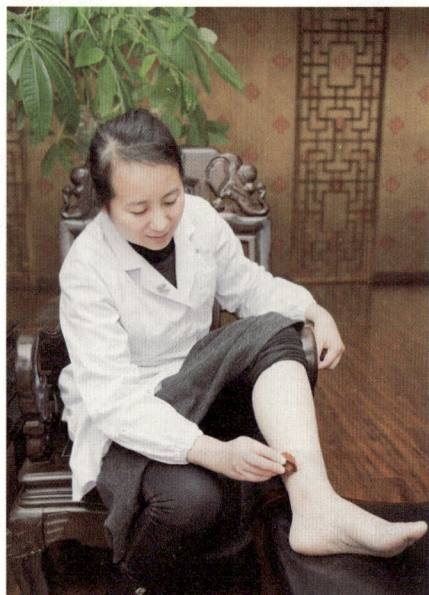

（五）低血压

低血压是指动脉血压低于90/60毫米汞柱。低血压会引起头晕目眩、食欲不振、困倦无力、健忘等症状，但不是所有低血压患者都有上述症状，也有完全没有自觉症状的人。日常生活中要增加营养摄取，少吃多餐，加强锻炼等以增强体质，平时坚持用核桃按摩一些特定穴位，可以有效促进血液循环，改善体质和脏器功能。

低血压按摩的特效穴位及手法

头部

素髎：用核桃尖端，选择"点压"手法。

上肢部

合谷：用核桃尖端，选择"点压"手法。

身部

气海：用核桃尖端，选择"点压"或"震动"手法。

关元：用核桃尖端，选择"点压"或"震动"手法。

下肢部

足三里：用核桃尖端，选择"点压"手法。

在面部，鼻尖的正中央。

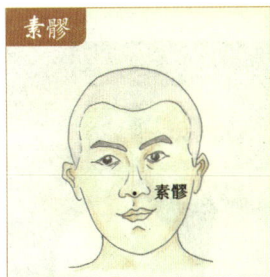

素髎

在手背，第1、2掌骨间，第2掌骨桡侧的中点处。

合谷

取坐姿，保持平静呼吸，左手或右手握住一核桃，使核桃尖端对准穴位，心中默念"1、2、3、4、5、6、7、8"按压，重复8次，共64次。

取坐姿，保持平静呼吸，右手握一核桃，使核桃尖端对准左侧穴位，心中默念"1、2、3、4、5、6、7、8"按压，重复8次，共64次。对侧也按相同方法操作。

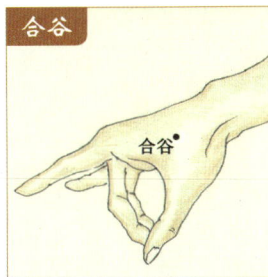

第四篇

两只核桃在手 操练健康好助手

气海

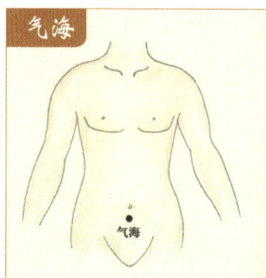

在腹部，身体前正中线，脐中下 1.5 寸。

取坐姿，保持平静呼吸，左手或右手握住一核桃，使核桃尖端对准穴位，心中默念"1、2、3、4、5、6、7、8"按压，重复 8 次，共 64 次。

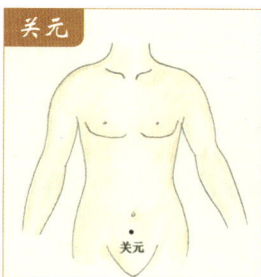

关元

在腹部，身体前正中线，脐中下 3 寸。

取坐姿，保持平静呼吸，左手或右手握住一核桃，使核桃尖端对准穴位，心中默念"1、2、3、4、5、6、7、8"按压，重复 8 次，共 64 次。

足三里

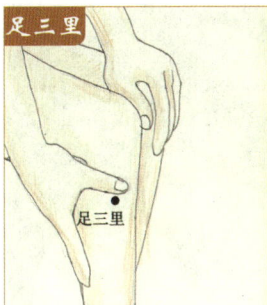

外膝眼正中直下3寸，胫骨外侧旁开1横指。

取坐姿，保持平静呼吸，右手握一核桃，使核桃尖端对准左侧穴位，心中默念"1、2、3、4、5、6、7、8"按压，重复8次，共64次。对侧也按相同方法操作。

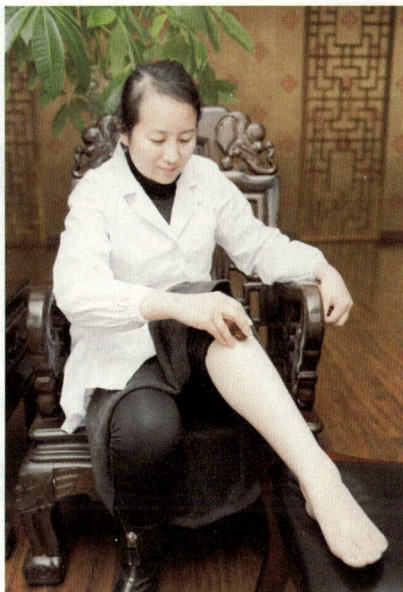

（六）中风后遗症

中风后遗症是指在脑中风发病一年后，还存在半身不遂或语言障碍或口眼歪斜等症状。日常生活应注意科学饮食，加强主、被动恢复锻炼，服用合适的药物治疗，防止病情复发或加重。平时坚持用核桃按摩特效穴位，有舒筋通络、行气活血的作用，可有效控制或减轻中风后遗症的症状。

中风后遗症按摩的特效穴位及手法

头部

百会：用核桃尖端，选择"点压"或"叩击"手法。

上肢部

曲池：用核桃尖端，选择"点压"手法。

外关：用核桃尖端，选择"点压"手法。

手三里：用核桃尖端，选择"点压"手法。

下肢部

足三里：用核桃尖端，选择"点压"手法。

阳陵泉：用核桃尖端，选择"点压"手法。

把玩核桃

养生操

百会

百会

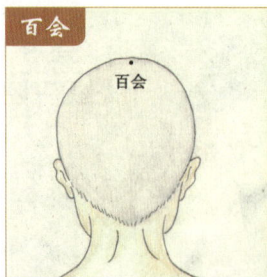

在头顶正中线与两耳尖连线的交叉处。

取坐姿，保持平静呼吸，左手或右手握住一核桃，使核桃尖端对准穴位，心中默念"1、2、3、4、5、6、7、8"按压，重复8次，共64次。

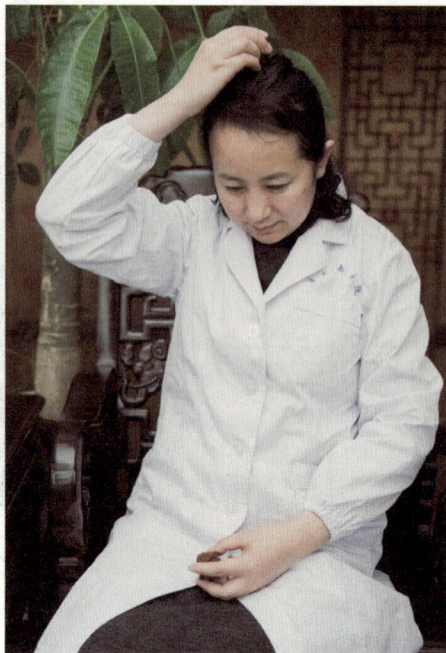

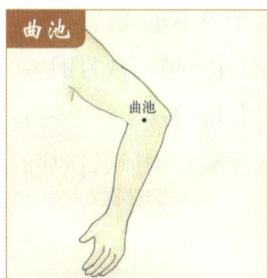

曲池

曲池

肘部弯曲时肘横纹桡侧端。

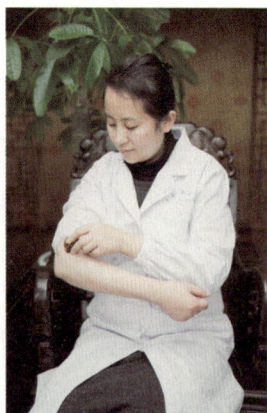

外关

外关

在前臂外侧，腕背横纹向上3横指，桡骨与尺骨之间。

取坐姿，保持平静呼吸，左手握一核桃，使核桃尖端对准右侧穴位，心中默念"1、2、3、4、5、6、7、8"按压，重复8次，共64次。对侧也按相同方法操作。

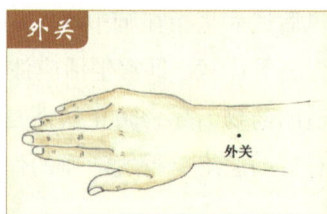

取坐姿，保持平静呼吸，左手握一核桃，使核桃尖端对准右侧穴位，心中默念"1、2、3、4、5、6、7、8"按压，重复8次，共64次。对侧也按相同方法操作。

手三里

手三里·

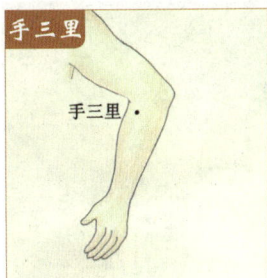

在前臂背面桡侧，曲池穴下
3横指。

取坐姿，保持平静呼吸，左手握一核桃，使
核桃尖端对准右侧穴位，心中默念"1、2、3、
4、5、6、7、8"按压，重复8次，共64次。
对侧也按相同方法操作。

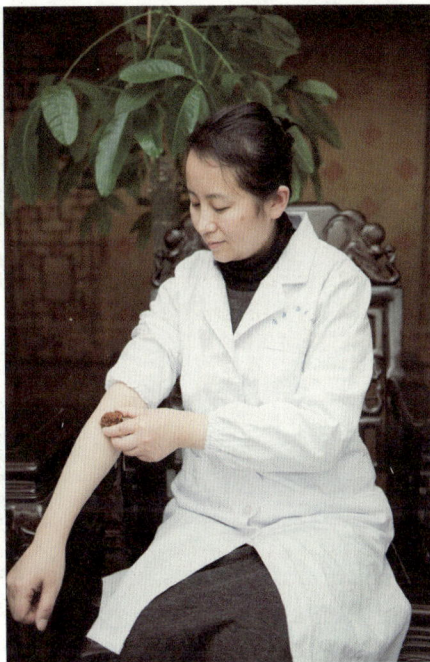

足三里

足三里·

外膝眼正中直下3寸，胫骨
外侧旁开1横指。

取坐姿，保持平静呼吸，右手握一核桃，使
核桃尖端对准左侧穴位，心中默念"1、2、3、
4、5、6、7、8"按压，重复8次，共64次。
对侧也按相同方法操作。

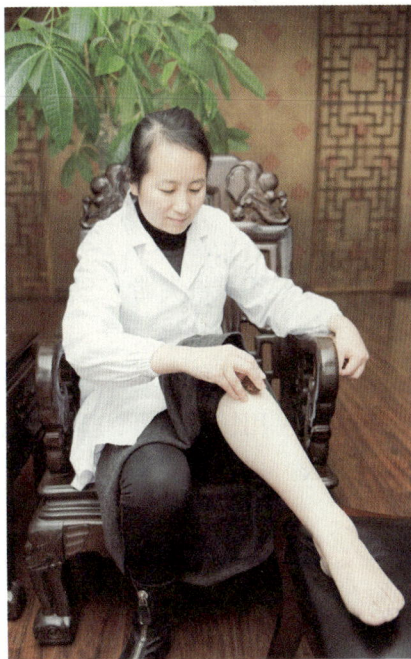

第四篇

两只核桃在手 操练健康好助手

阳陵泉

阳陵泉

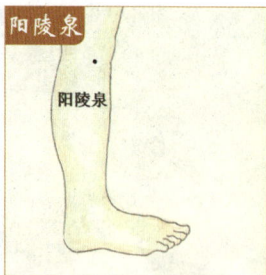

在膝盖斜下方，小腿外侧之腓骨小头前下方凹陷中。

取坐姿，保持平静呼吸，左手握一核桃，使核桃尖端对准左侧穴位，心中默念"1、2、3、4、5、6、7、8"按压，重复8次，共64次。对侧也按相同方法操作。

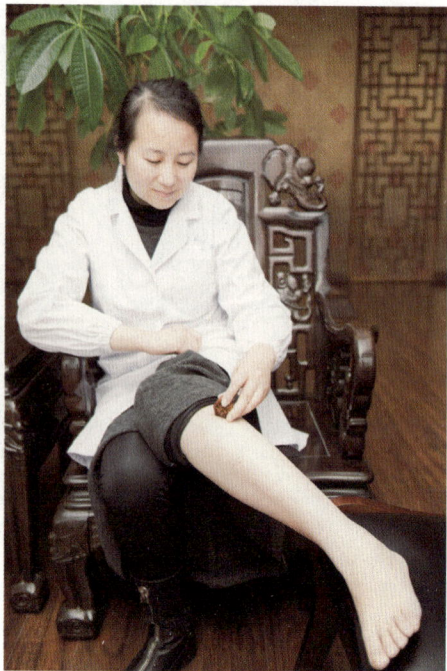

（七）老年性痴呆

老年性痴呆是一种进行性发展的神经系统退行性疾病，表现为认知功能下降、精神症状和行为障碍、日常生活能力的逐渐下降等。中医认为本病是由于久病气血亏虚，心神失养，肝肾不足，脑髓不充所致。在预防方面，除了要有良好的生活方式外，中老年朋友经常用核桃按摩一些特效穴位，可以有效促进脑部血液循环，预防老年性痴呆。

老年性痴呆按摩的特效穴位及手法

头部

百会：用核桃尖端，选择"点压"或"叩击"手法。

四神聪：用核桃尖端，选择"点压"或"叩击"手法。

印堂：用核桃尖端，选择"点压"手法。

风池：用核桃尖端，选择"点压"手法，或用核桃侧棱，选择"推刮"手法。

下肢部

悬钟：用核桃尖端，选择"点压"手法。

大钟：用核桃尖端，选择"点压"手法。

百会

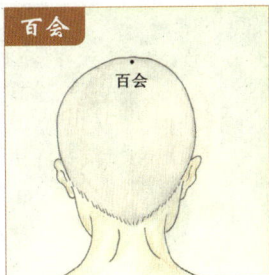

在头顶正中线与两耳尖连线的交叉处。

取坐姿，保持平静呼吸，左手或右手握住核桃，使核桃尖端对准穴位，心中默念"1、2、3、4、5、6、7、8"按压，重复8次，共64次。

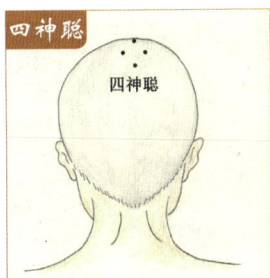

四神聪

在百会前、后、左、右各开1寸处。

取坐姿，保持平静呼吸，双手各握一核桃，使核桃尖端对准穴位，心中默念"1、2、3、4、5、6、7、8"按压，重复8次，共64次。

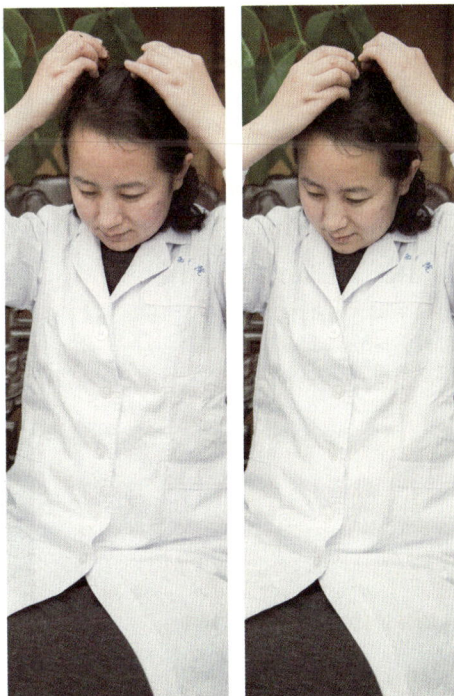

两只核桃在手 操练健康好助手

印堂

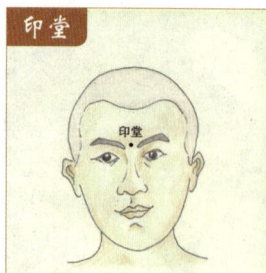

在额部，两眉头的中间。

取坐姿，保持平静呼吸，左手或右手握一核桃，使核桃尖端对准穴位，心中默念"1、2、3、4、5、6、7、8"按压，重复8次，共64次。

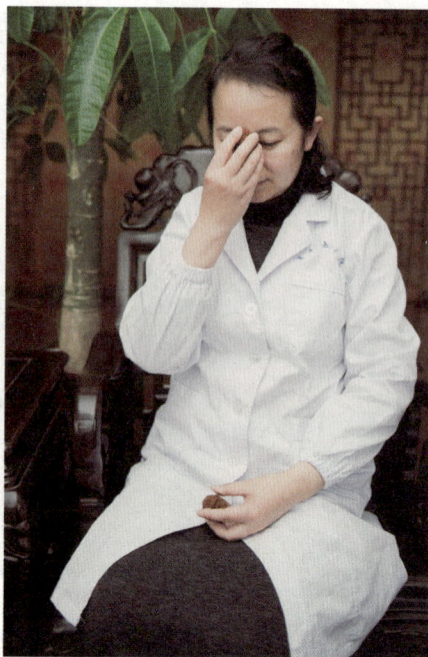

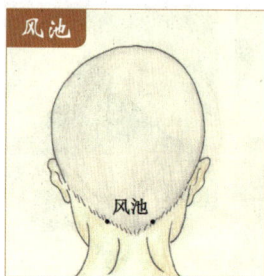

风池

在后头部，枕骨下两侧后发际处，斜方肌上端与胸锁乳突肌之间的凹陷处。

取坐姿，保持平静呼吸，双手各握一核桃，使核桃尖端对准穴位，心中默念"1、2、3、4、5、6、7、8"按压，重复8次，共64次。或选择核桃侧棱对准穴位，心中默念"1、2、3、4、5、6、7、8"推刮，重复8次，共64次。

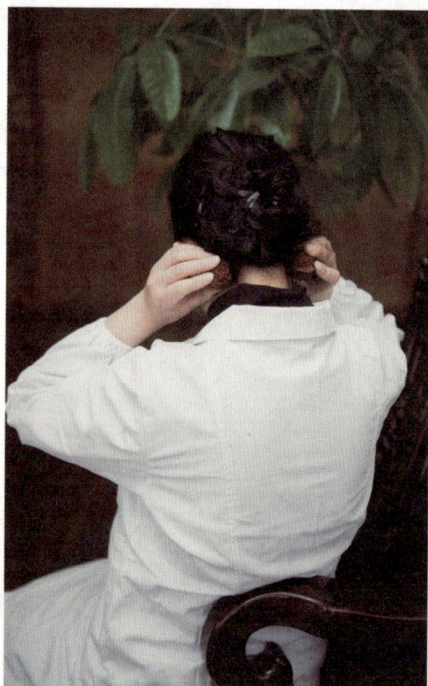

悬钟

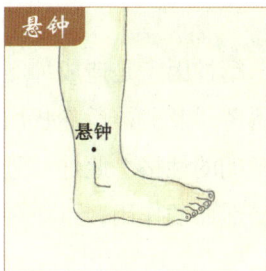

在外踝尖上3寸，腓骨前缘。

取坐姿，保持平静呼吸，左手握一核桃，使核桃尖端对准左足穴位，心中默念"1、2、3、4、5、6、7、8"按压，重复8次，共64次。对侧也按相同方法操作。

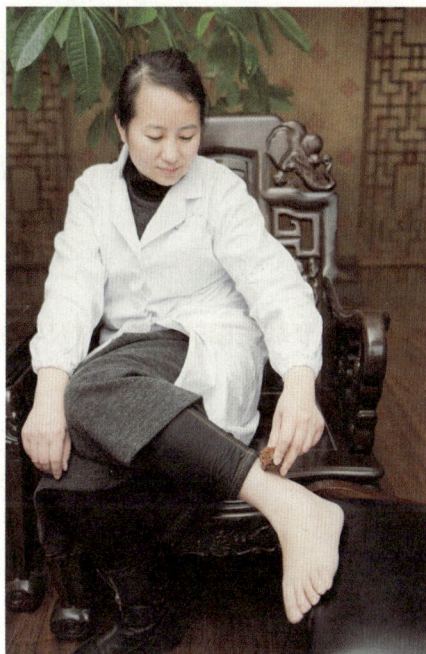

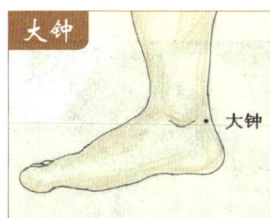

大钟

在足内侧，内踝后下方，跟腱附着部的内侧前方凹陷处。

取坐姿，保持平静呼吸，右手握一核桃，使核桃尖端对准左足穴位，心中默念"1、2、3、4、5、6、7、8"按压，重复8次，共64次。对侧也按相同方法操作。

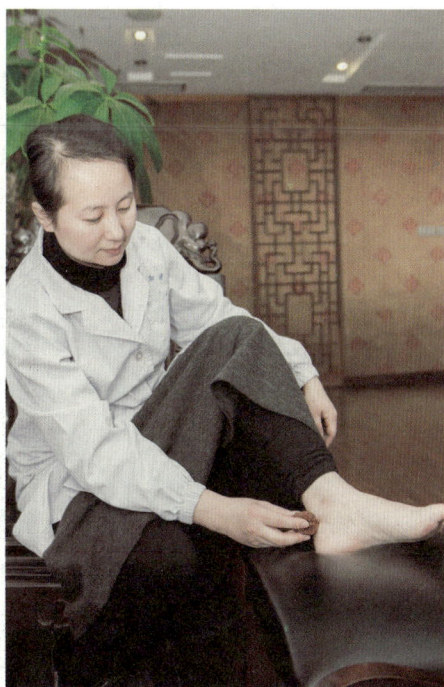

第四篇

两只核桃在手 操练健康好助手

（八）神经衰弱

神经衰弱是一种常见病，多见于脑力劳动者，精神因素是造成神经衰弱的主要原因。本病多起病缓慢，病程较长，遇劳累及劳神后症状加重。日常生活中应善于自我调节，培养自己豁达开朗的性格。此外，坚持使用核桃按摩一些特效穴位，有镇静安神、舒筋活血的作用，可在一定程度上缓解神经衰弱的症状。

神经衰弱按摩的特效穴位及手法

头部

百会：用核桃尖端，选择"点压"或"叩击"手法。

上肢部

神门：用核桃尖端，选择"点压"或"弹拨"手法。

尺泽：用核桃尖端，选择"点压"或"弹拨"手法。

下肢部

足三里：用核桃尖端，选择"点压"手法。

三阴交：用核桃尖端，选择"点压"手法。

涌泉：用核桃尖端，选择"点压"手法。

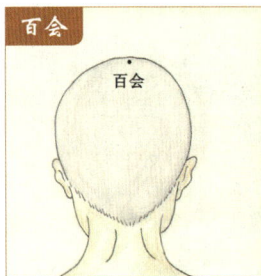

百会

百会

在头顶正中线与两耳尖连线的交叉处。

取坐姿，保持平静呼吸，左手或右手握住核桃，使核桃尖端对准穴位，心中默念"1、2、3、4、5、6、7、8"按压，重复8次，共64次。

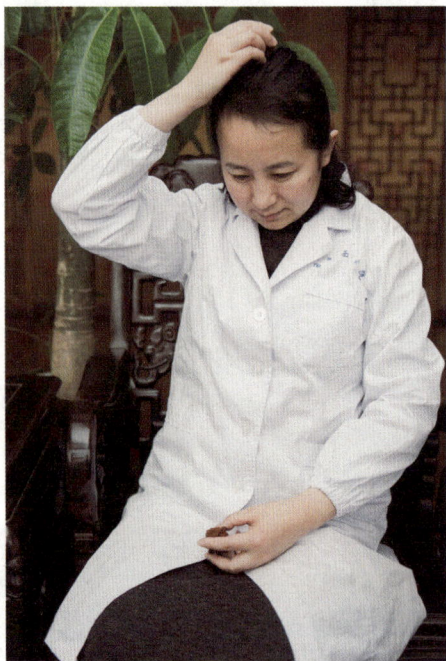

神门

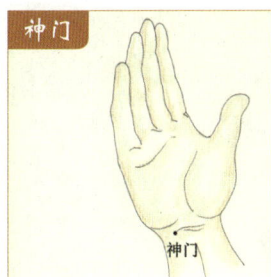

在腕部，腕掌侧横纹尺侧端，尺侧腕屈肌腱的桡侧凹陷处。

取坐姿，保持平静呼吸，左手握一核桃，使核桃尖端对准右侧穴位，心中默念"1、2、3、4、5、6、7、8"按压，重复8次，共64次。对侧也按相同方法操作。

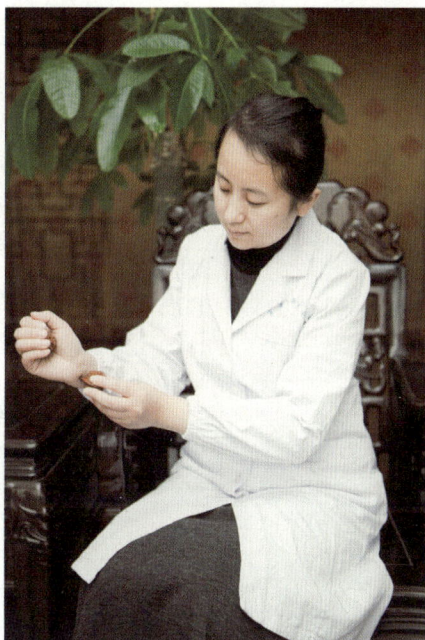

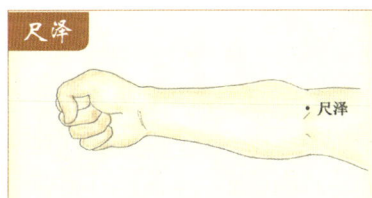

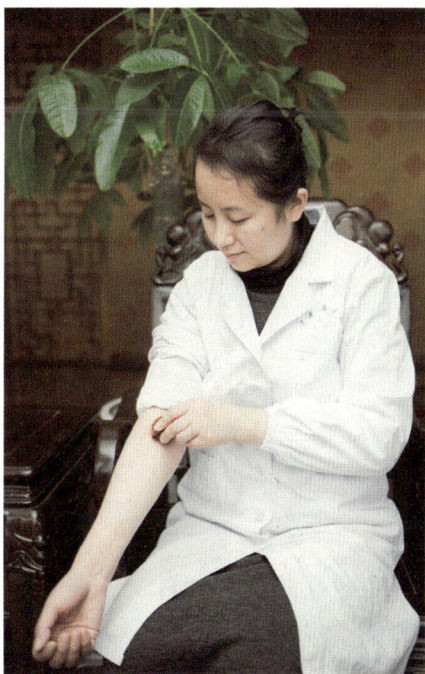

尺泽

在肘横纹中，肱二头肌腱桡侧凹陷处，微屈肘取穴。

取坐姿，保持平静呼吸，左手握一核桃，使核桃尖端对准右侧穴位，心中默念"1、2、3、4、5、6、7、8"按压，重复8次，共64次。对侧也按相同方法操作。

养生操

足三里

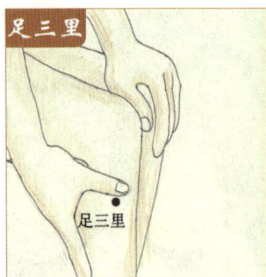

外膝眼正中直下3寸，胫骨外侧旁开1横指。

取坐姿，保持平静呼吸，右手握一核桃，使核桃尖端对准左侧穴位，心中默念"1、2、3、4、5、6、7、8"按压，重复8次，共64次。对侧也按相同方法操作。

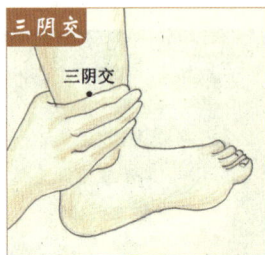

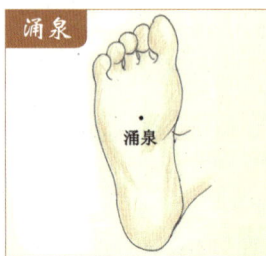

三阴交

足内踝尖上3寸，胫骨内侧缘后方

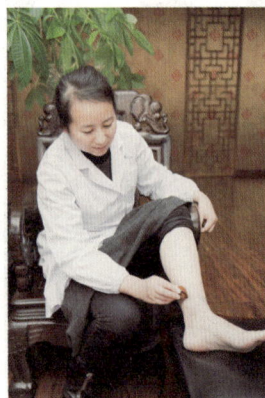

取坐姿，保持平静呼吸，右手握一核桃，使核桃尖端对准左侧穴位，心中默念"1、2、3、4、5、6、7、8"按压，重复8次，共64次。对侧也按相同方法操作。

涌泉

在足底部，屈足卷趾时足前部凹陷处，约足底第2、3跖趾缝纹头端与足跟连线的前1/3与后2/3交点上。

取坐姿，保持平静呼吸，右手握一核桃，使核桃尖端对准左足穴位，心中默念"1、2、3、4、5、6、7、8"按压，重复8次，共64次。对侧也按相同方法操作。

（九）高脂血症

高脂血症患者以中老年人常见，是指各种原因导致的血浆中胆固醇和（或）甘油三酯的含量增高或高密度脂蛋白胆固醇过低，西医学称之为血脂异常。轻者可无不适感，重者会出现头晕、神疲乏力、健忘、肢体麻木等现象。改善饮食和药物治疗的同时，坚持用核桃按摩一些特效穴位，可以起到辅助治疗的作用。

高脂血症的特效穴位及手法

上肢部

内关：用核桃尖端，选择"点压"手法。

身部

中脘：用核桃尖端，选择"点压"或"震动"手法。

脾俞：用核桃尖端，选择"点压"或"弹拨"手法。

下肢部

丰隆：用核桃尖端，选择"点压"手法。

三阴交：用核桃尖端，选择"点压"手法。

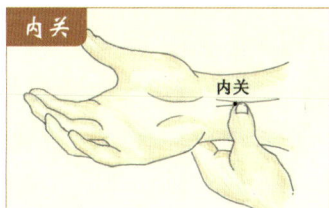

在前臂掌侧，腕横纹上2寸，掌长肌腱与桡侧腕屈肌腱之间。

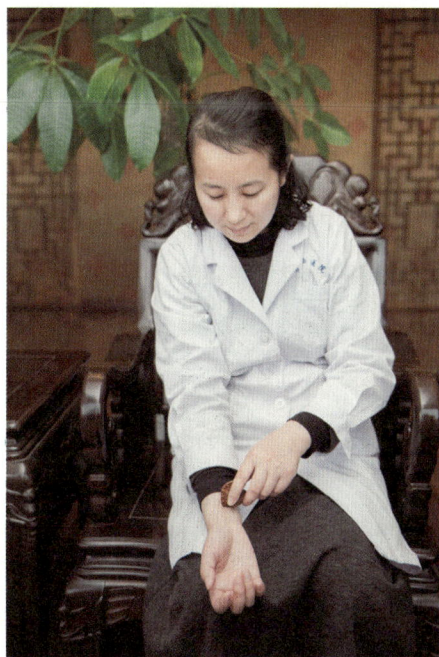

取坐姿，保持平静呼吸，左手握一核桃，使核桃尖端对准右侧穴位，心中默念"1、2、3、4、5、6、7、8"按压，重复8次，共64次。对侧也按相同方法操作。

养生操

中脘

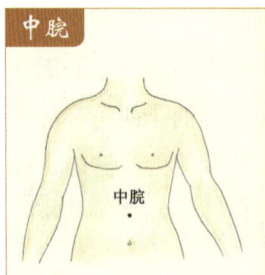

前正中线上，脐上4寸处。

取坐姿，保持平静呼吸，左手或右手握住一核桃，使核桃尖端对准穴位，心中默念"1、2、3、4、5、6、7、8"按压，重复8次，共64次。

脾俞

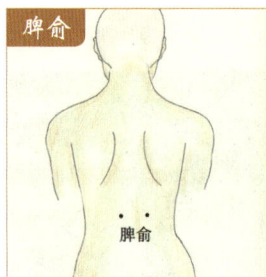

在背部，第11胸椎棘突下，旁开1.5寸。

丰隆

小腿前外侧，膝眼和外踝的连线中点。

取坐姿，保持平静呼吸，双手各握住一核桃，将手转到背后，使核桃尖端对准穴位，心中默念"1、2、3、4、5、6、7、8"按压，重复8次，共64次。

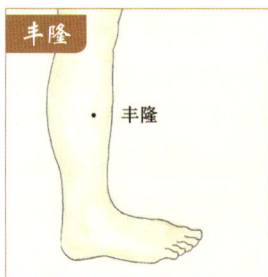

取坐姿，保持平静呼吸，左手握一核桃，使核桃尖端对准左侧穴位，心中默念"1、2、3、4、5、6、7、8"按压，重复8次，共64次。对侧也按相同方法操作。

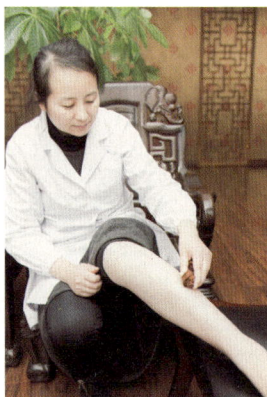

三阴交

三阴交

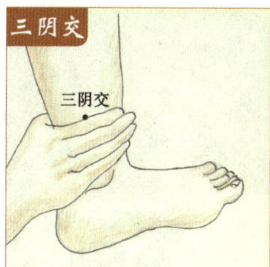

足内踝尖上3寸，胫骨内侧缘后方。

取坐姿，保持平静呼吸，右手握一核桃，使核桃尖端对准左侧穴位，心中默念"1、2、3、4、5、6、7、8"按压，重复8次，共64次。对侧也按相同方法操作。

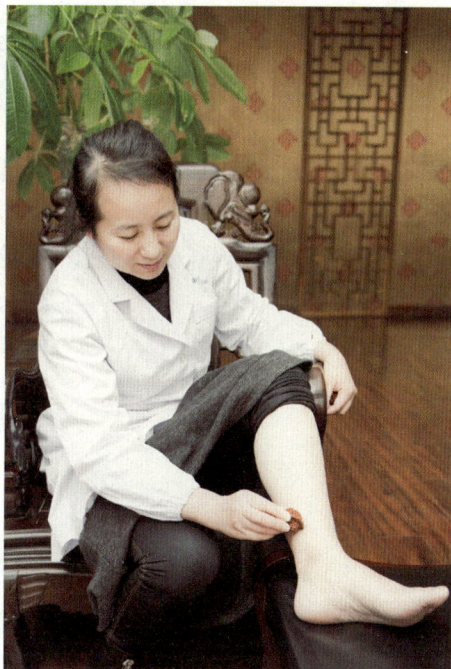

（十）糖尿病

糖尿病是由于体内胰岛素分泌的绝对或相对不足而引起糖代谢紊乱为主的全身性疾病。糖尿病要早发现、早治疗。日常生活中除了要健康饮食、加强体育锻炼、遵医嘱服药外，还可以使用核桃经常按摩一些特效穴位，可以起到辅助治疗的作用。

糖尿病按摩的特效穴位及手法

身部

胃脘下俞：用核桃尖端，选择"点压"或"弹拨"手法。

脾俞：用核桃尖端，选择"点压"或"弹拨"手法。

肾俞：用核桃尖端，选择"点压"或"弹拨"手法。

下肢部

内庭：用核桃尖端，选择"点压"手法。

太溪：用核桃尖端，选择"点压"手法。

把玩核桃 养生操

胃脘下俞

胃脘下俞

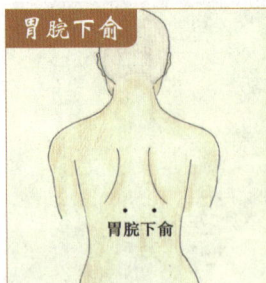

在背部，第8胸椎棘突下，旁开1.5寸。

取坐姿，保持平静呼吸，双手各握住一核桃，将手转到背后，使核桃尖端对准穴位，心中默念"1、2、3、4、5、6、7、8"按压，重复8次，共64次。

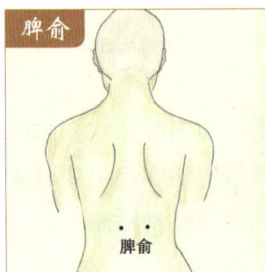

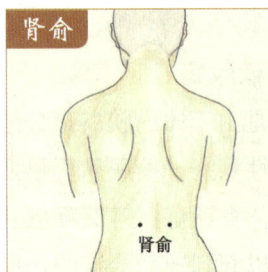

脾俞

脾俞

在背部，第11胸椎棘突下，旁开1.5寸。

取坐姿，保持平静呼吸，双手各握住一核桃，将手转到背后，使核桃尖端对准穴位，心中默念"1、2、3、4、5、6、7、8"按压，重复8次，共64次。

肾俞

肾俞

在背部，第2腰椎棘突下旁开1.5寸。

取坐姿，保持平静呼吸，双手各握住一核桃，将手转到背后，使核桃尖端对准穴位，心中默念"1、2、3、4、5、6、7、8"按压，重复8次，共64次。

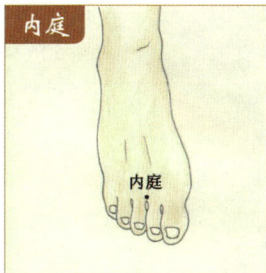

| 内庭 | 在足背，第2、3跖骨结合部前方凹陷处。 |

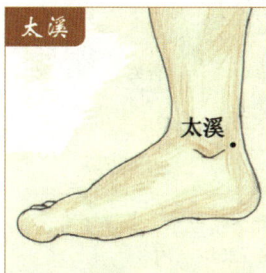

内庭

| 太溪 | 足内侧，内踝后方，内踝高点与跟腱之间的凹陷处。 |

太溪

取坐姿，保持平静呼吸，右手握一核桃，使核桃尖端对准左足穴位，心中默念"1、2、3、4、5、6、7、8"按压，重复8次，共64次。对侧也按相同方法操作。

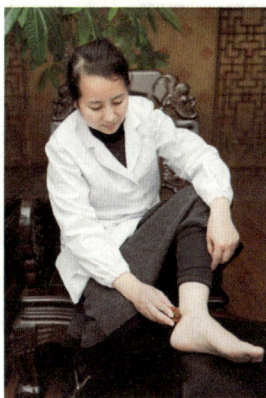

取坐姿，保持平静呼吸，右手握一核桃，使核桃尖端对准左足穴位，心中默念"1、2、3、4、5、6、7、8"按压，重复8次，共64次。对侧也按相同方法操作。

（十一）慢性胃炎

慢性胃炎是一种常见病，其发病率在各种胃病中居首位。大多数慢性胃炎患者常无症状或有程度不同的消化系统的症状，如上腹隐痛、食欲减退、餐后饱胀、反酸等。平时经常用核桃按摩一些特效穴位，有疏肝理气，促进胃蠕动，缓解胃痉挛的作用，可有效防治慢性胃炎。

慢性胃炎按摩的特效穴位及手法

上肢部

内关：用核桃尖端，选择"点压"手法。

身部

胃俞：用核桃尖端，选择"点压"或"弹拨"手法。

脾俞：用核桃尖端，选择"点压"或"弹拨"手法。

下肢部

足三里：用核桃尖端，选择"点压"手法。

第四篇

两只核桃在手 操练健康好助手

内关

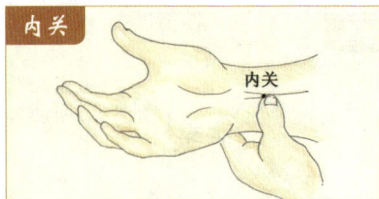

在前臂掌侧，腕掌横纹中点向上2寸，掌长肌腱与桡侧腕屈肌腱之间。

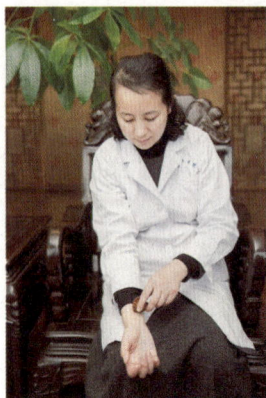

取坐姿，保持平静呼吸，左手握一核桃，使核桃尖端对准右侧穴位，心中默念"1、2、3、4、5、6、7、8"按压，重复8次，共64次。对侧也按相同方法操作。

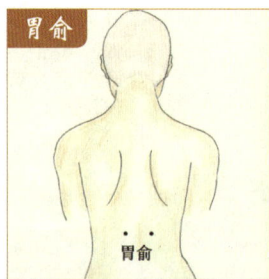

胃俞

在背部，第12胸椎棘突下，旁开1.5寸。

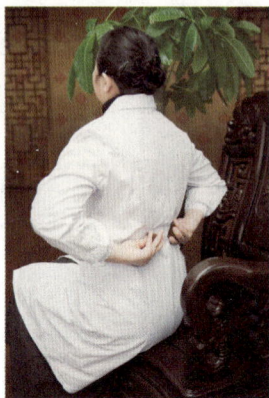

取坐姿，保持平静呼吸，双手各握住一核桃，将手转到背后，使核桃尖端对准穴位，心中默念"1、2、3、4、5、6、7、8"按压，重复8次，共64次。

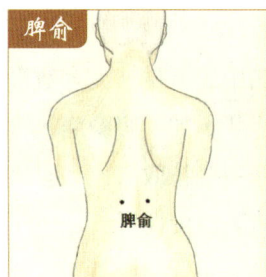

脾俞

在背部，第11胸椎棘突下，旁开1.5寸。

取坐姿，保持平静呼吸，双手各握住一核桃，将手转到背后，使核桃尖端对准穴位，心中默念"1、2、3、4、5、6、7、8"按压，重复8次，共64次。

足三里

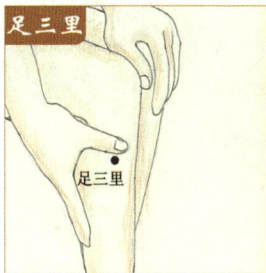

外膝眼正中直下 3 寸，胫骨外侧旁开 1 横指。

取坐姿，保持平静呼吸，右手握一核桃，使核桃尖端对准左侧穴位，心中默念"1、2、3、4、5、6、7、8"按压，重复 8 次，共 64 次。对侧也按相同方法操作。

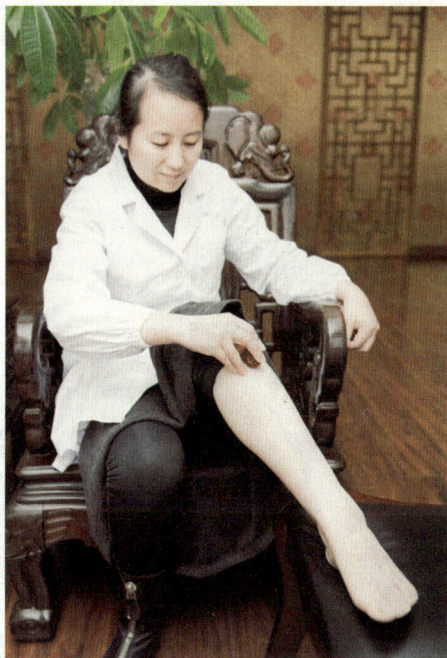

（十二）腹泻

腹泻是一种常见症状，俗称"拉肚子"。是指排便次数明显超过平日习惯的频率，粪质稀薄，水分增加，每日排便量超过 200g，或含未消化食物或脓血、黏液。通过核桃按摩一些特定穴位对慢性结肠炎、消化不良、胃肠功能紊乱均有明显的治疗作用，对急性腹泻也有缓解症状的功效。

腹泻按摩的特效穴位及手法

身部

天枢：用核桃尖端，选择"点压"或"震动"手法。

气海：用核桃尖端，选择"点压"或"震动"手法。

下肢部

足三里：用核桃尖端，选择"点压"手法。

上巨虚：用核桃尖端，选择"点压"手法。

第四篇

两只核桃在手 操练健康好助手

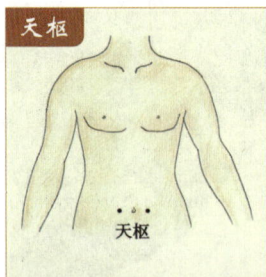

天枢

脐中旁开2寸。

取坐姿，保持平静呼吸，双手各握住一核桃，使核桃尖端对准穴位，心中默念"1、2、3、4、5、6、7、8"按压，重复8次，共64次。

气海

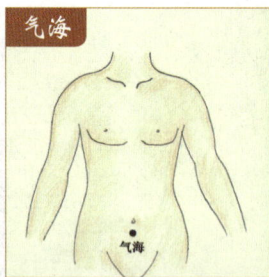

在腹部，身体前正中线，脐中下1.5寸。

取坐姿，保持平静呼吸，左手或右手握住一核桃，使核桃尖端对准穴位，心中默念"1、2、3、4、5、6、7、8"按压，重复8次，共64次。

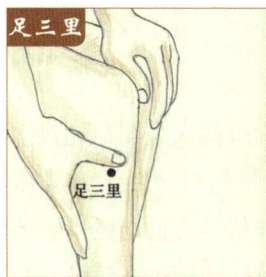

足三里

外膝眼正中直下3寸，胫骨外侧旁开1横指。

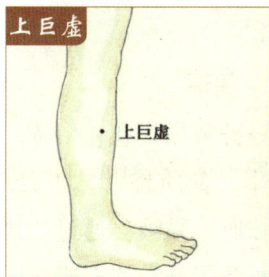

取坐姿，保持平静呼吸，右手握一核桃，使核桃尖端对准左侧穴位，心中默念"1、2、3、4、5、6、7、8"按压，重复8次，共64次。对侧也按相同方法操作。

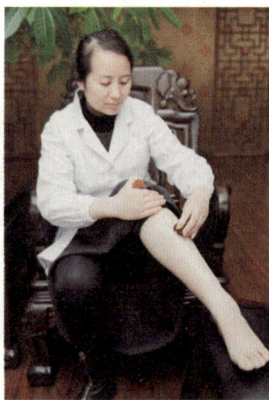

上巨虚

足三里穴下3寸。

取坐姿，保持平静呼吸，左手握一核桃，使核桃尖端对准左侧穴位，心中默念"1、2、3、4、5、6、7、8"按压，重复8次，共64次。对侧也按相同方法操作。

（十三）胃下垂

胃下垂是指站立时胃大弯抵达盆腔，胃小弯弧线最低点降到髂嵴连线以下。轻度下垂者一般无症状，下垂明显者可以出现腹部坠胀疼痛不适，进食后恶心等，常伴有便秘。中医认为胃下垂多因脾胃功能虚弱、中气不足所致，经常用核桃按摩一些特效穴位可缓解胃下垂的症状，使下垂幅度有所改善。

胃下垂的特效穴位及手法

身部

中脘：用核桃尖端，选择"点压"或"震动"手法。

胃俞：用核桃尖端，选择"点压"或"震动"手法。

气海：用核桃尖端，选择"点压"或"震动"手法。

脾俞：用核桃尖端，选择"点压"或"弹拨"手法。

下肢部

足三里：用核桃尖端，选择"点压"手法。

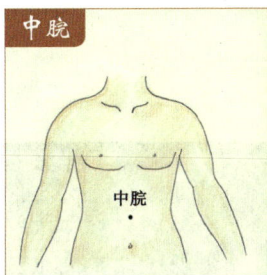

中脘 前正中线上，脐上4寸处。

中脘

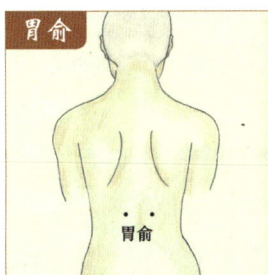

胃俞 在背部，第12胸椎棘突下，旁开1.5寸。

胃俞

第四篇

两只核桃在手 操练健康好助手

取坐姿，保持平静呼吸，左手或右手握住一核桃，使核桃尖端对准穴位，心中默念"1、2、3、4、5、6、7、8"按压，重复8次，共64次。

取坐姿，保持平静呼吸，双手各握住一核桃，将手转到背后，使核桃尖端对准穴位，心中默念"1、2、3、4、5、6、7、8"按压，重复8次，共64次。

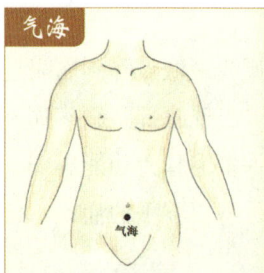

气海

在腹部，身体前正中线，脐中下1.5寸。

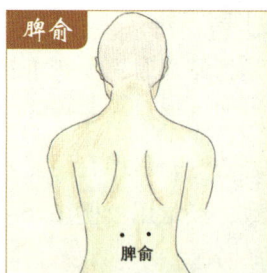

脾俞

在背部，第11胸椎棘突下，旁开1.5寸。

取坐姿，保持平静呼吸，左手或右手握住一核桃，使核桃尖端对准穴位，心中默念"1、2、3、4、5、6、7、8"按压，重复8次，共64次。

取坐姿，保持平静呼吸，双手各握住一核桃，将手转到背后，使核桃尖端对准穴位，心中默念"1、2、3、4、5、6、7、8"按压，重复8次，共64次。

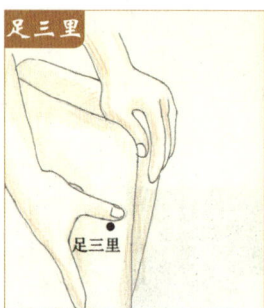

足三里

外膝眼正中直下3寸，胫骨外侧旁开1横指。

取坐姿，保持平静呼吸，右手握一核桃，使核桃尖端对准左侧穴位，心中默念"1、2、3、4、5、6、7、8"按压，重复8次，共64次。对侧也按相同方法操作。

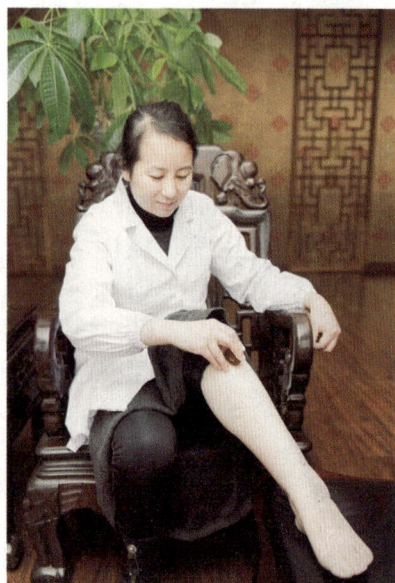

（十四）胃痉挛

胃痉挛就是胃部肌肉抽搐，主要表现为上腹痛，呕吐等，有时会持续几分钟，有时会持续几小时。疼痛剧烈时，患者不得不将身体缩起来。中医认为本病的病机是气机郁滞、失于和降，"不通则痛"。日常生活中应注意别大量食用生冷食物，忌空腹吃香蕉、菠萝等，坚持用核桃按摩一些特效穴位，有疏通经络、运行气血的作用，使胃部疼痛缓解。

胃痉挛的特效穴位及手法

身部

中脘：用核桃尖端，选择"点压"或"震动"手法。

胃俞：用核桃尖端，选择"点压"或"弹拨"手法。

至阳：用核桃尖端，选择"点压"或"弹拨"手法。

下肢部

足三里：用核桃尖端，选择"点压"手法。

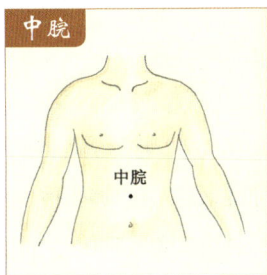

中脘

前正中线上，脐上4寸处。

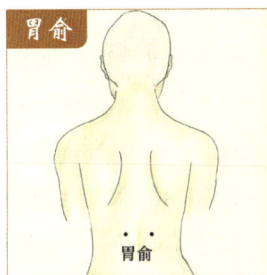

胃俞

在背部，第12胸椎棘突下，旁开1.5寸。

取坐姿，保持平静呼吸，左手或右手握住一核桃，使核桃尖端对准穴位，心中默念"1、2、3、4、5、6、7、8"按压，重复8次，共64次。

取坐姿，保持平静呼吸，双手各握住一核桃，将手转到背后，使核桃尖端对准穴位，心中默念"1、2、3、4、5、6、7、8"按压，重复8次，共64次。

第四篇

两只核桃在手 操练健康好助手

至阳

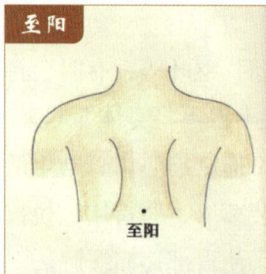

第7胸椎棘突下凹陷中。

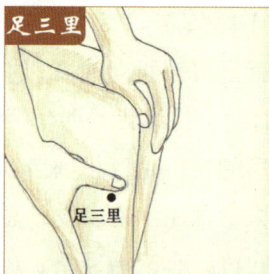

至阳

足三里

外膝眼正中直下3寸，胫骨外侧旁开1横指。

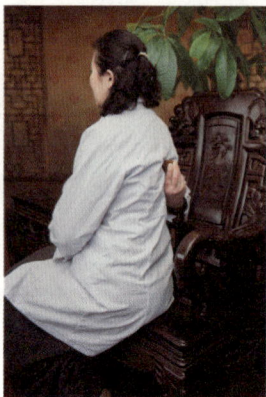

足三里

取坐姿，保持平静呼吸，左手或右手握一核桃，使核桃尖端对准穴位，心中默念"1、2、3、4、5、6、7、8"按压，重复8次，共64次。

取坐姿，保持平静呼吸，右手握一核桃，使核桃尖端对准左侧穴位，心中默念"1、2、3、4、5、6、7、8"按压，重复8次，共64次。对侧也按相同方法操作。

（十五）胃溃疡

胃溃疡是消化性溃疡的一种，最典型的症状是左腹或脐上部痛。除疼痛外，还伴有反酸、烧心、嗳气打嗝、恶心呕吐、大便下血等症状。胃溃疡患者要避免精神紧张，讲究生活规律，尽量不吃或少吃辛辣食物，避免急躁和紧张情绪。平时经常用核桃按摩一些特定穴位，能够扩张胃肠道黏膜下的血管，增强胃肠道的供血，从而缓解胃溃疡的症状。

胃溃疡按摩的特效穴位及手法

身部

脾俞：用核桃尖端，选择"点压"或"弹拨"手法。

中脘：用核桃尖端，选择"点压"或"震动"手法。

胃俞：用核桃尖端，选择"点压"或"弹拨"手法。

梁门：用核桃尖端，选择"点压"或"震动"手法。

下肢部

三阴交：用核桃尖端，选择"点压"手法。

足三里：用核桃尖端，选择"点压"手法。

脾俞

脾俞

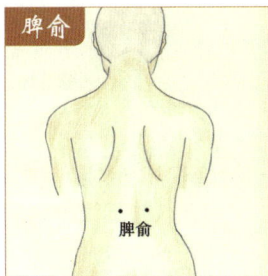

在背部，第 11 胸椎棘突下，旁开 1.5 寸。

取坐姿，保持平静呼吸，双手各握住一核桃，将手转到背后，使核桃尖端对准穴位，心中默念"1、2、3、4、5、6、7、8"按压，重复 8 次，共 64 次。

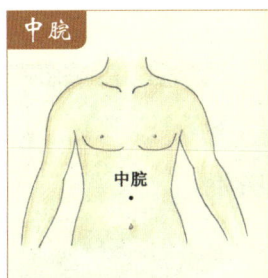

中脘

前正中线上，脐上 4 寸处。

中脘

胃俞

在背部，第 12 胸椎棘突下，旁开 1.5 寸。

胃俞

取坐姿，保持平静呼吸，左手或右手握住一核桃，使核桃尖端对准穴位，心中默念"1、2、3、4、5、6、7、8"按压，重复 8 次，共 64 次。

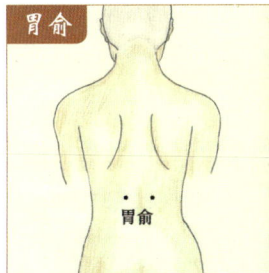

取坐姿，保持平静呼吸，双手各握住一核桃，将手转到背后，使核桃尖端对准穴位，心中默念"1、2、3、4、5、6、7、8"按压，重复 8 次，共 64 次。

两只核桃在手 操练健康好助手

梁门

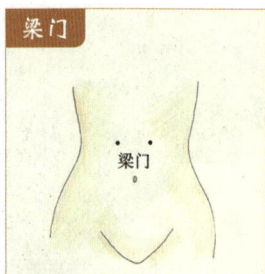

在腹部，脐中上4寸，前正中线旁开2寸。

三阴交

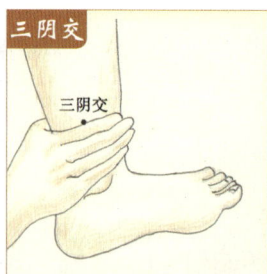

足内踝尖上3寸，胫骨内侧缘后方。

取坐姿，保持平静呼吸，双手各握住一核桃，使核桃尖端对准穴位，心中默念"1、2、3、4、5、6、7、8"按压，重复8次，共64次。

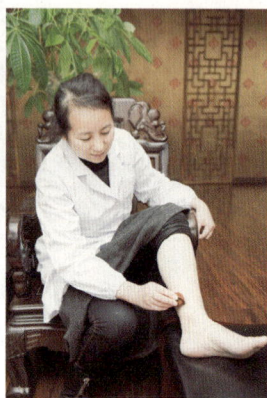

取坐姿，保持平静呼吸，右手握一核桃，使核桃尖端对准左侧穴位，心中默念"1、2、3、4、5、6、7、8"按压，重复8次，共64次。对侧也按相同方法操作。

足三里

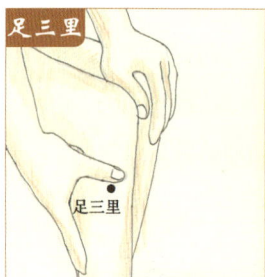

外膝眼正中直下3寸，胫骨外侧旁开1横指。

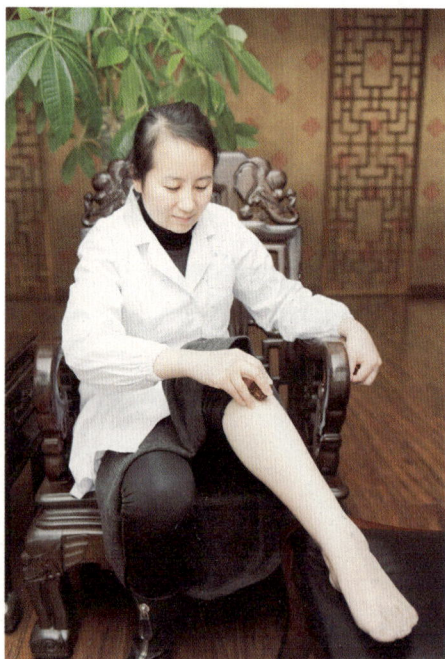

取坐姿，保持平静呼吸，右手握一核桃，使核桃尖端对准左侧穴位，心中默念"1、2、3、4、5、6、7、8"按压，重复8次，共64次。对侧也按相同方法操作。

（十六）慢性胆囊炎

慢性胆囊炎系胆囊慢性病变，大多为慢性起病，亦可由急性胆囊炎反复发作而来，大多数合并胆囊结石。主要症状有右上腹隐痛，向右肩胛下区放射，持续时间长，并伴有腹胀、嗳气、恶心等，尤其在进食油腻食物后症状更为明显。慢性胆囊炎中医学称为胆胀，主要是由于胆腑气机通降失调引起。日常生活中坚持用核桃按摩一些特效穴位，有疏利气机的作用，对慢性胆囊炎有良好的疗效。

慢性胆囊炎的特效穴位及手法

上肢部

内关：用核桃尖端，选择"点压"手法。

下肢部

太冲：用核桃尖端，选择"点压"手法。

足三里：用核桃尖端，选择"点压"手法。

阳陵泉：用核桃尖端，选择"点压"手法。

胆囊穴：用核桃尖端，选择"点压"手法。

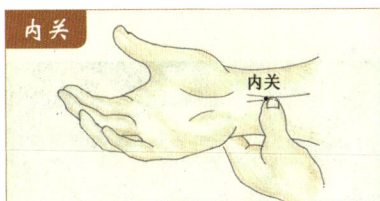

内关

在前臂掌侧，腕掌横纹中点向上2寸，掌长肌腱与桡侧腕屈肌腱之间。

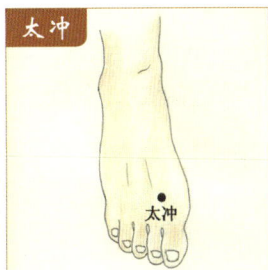

太冲

在足背侧，第1、2跖骨结合部之前凹陷处。

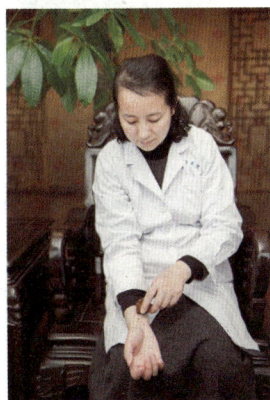

取坐姿，保持平静呼吸，左手握一核桃，使核桃尖端对准右侧穴位，心中默念"1、2、3、4、5、6、7、8"按压，重复8次，共64次。对侧也按相同方法操作。

取坐姿，保持平静呼吸，右手握一核桃，使核桃尖端对准左足穴位，心中默念"1、2、3、4、5、6、7、8"按压，重复8次，共64次。对侧也按相同方法操作。

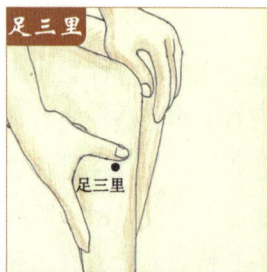

足三里

足三里

外膝眼正中直下3寸，胫骨外侧旁开1横指。

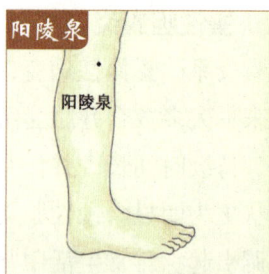

阳陵泉

阳陵泉

在膝盖斜下方，小腿外侧之腓骨小头前下方凹陷中。

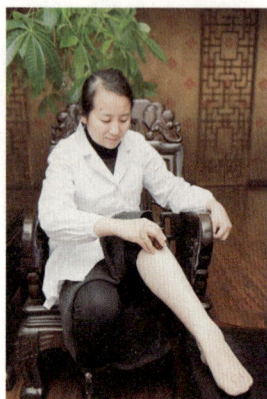

取坐姿，保持平静呼吸，右手握一核桃，使核桃尖端对准左侧穴位，心中默念"1、2、3、4、5、6、7、8"按压，重复8次，共64次。对侧也按相同方法操作。

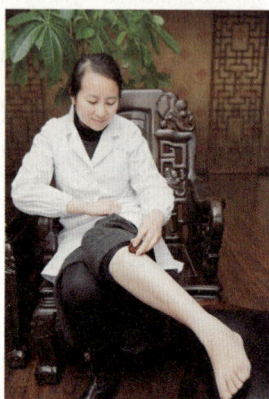

取坐姿，保持平静呼吸，左手握一核桃，使核桃尖端对准左侧穴位，心中默念"1、2、3、4、5、6、7、8"按压，重复8次，共64次。对侧也按相同方法操作。

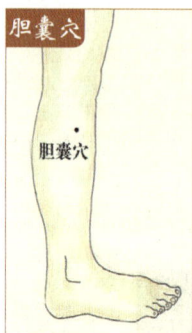

胆囊穴

胆囊穴

在膝盖斜下方，阳陵泉下2寸。

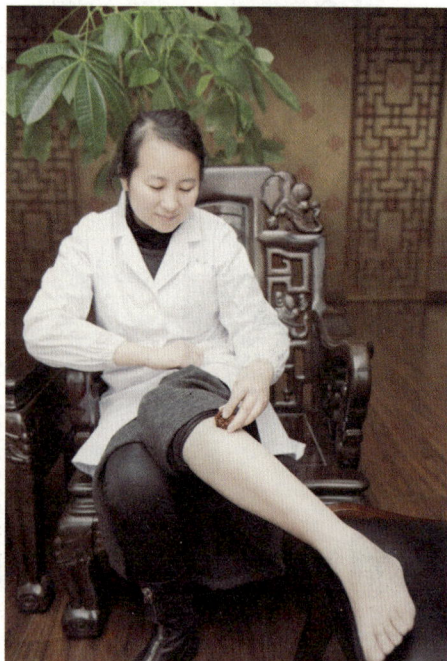

取坐姿，保持平静呼吸，左手握一核桃，使核桃尖端对准左侧穴位，心中默念"1、2、3、4、5、6、7、8"按压，重复8次，共64次。对侧也按相同方法操作。

（十七）痔疮

痔疮的形成一般认为是静脉充血，血液瘀积，静脉内压力增高所致。除了养成按时排便的习惯、还应该多食用蔬菜、水果、豆类等含维生素和纤维素较多的食物，多饮水。使用核桃按摩一些特定穴位，对于内痔出血、肿痛、肛门坠胀不适等症状，有独到的疗效。

痔疮按摩的特效穴位及手法

头部

攒竹：用核桃尖端，选择"点压"手法。

上肢部

支沟：用核桃尖端，选择"点压"手法。

下肢部

承山：用核桃尖端，选择"点压"手法。

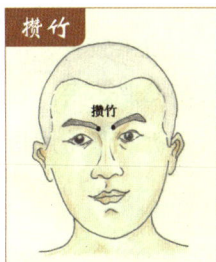

攒竹

攒竹

在面部，眉毛内侧边缘凹陷处。

取坐姿，保持平静呼吸，双手各握一核桃，使核桃尖端对准穴位，心中默念"1、2、3、4、5、6、7、8"按压，重复8次，共64次。

第四篇

两只核桃在手 操练健康好助手

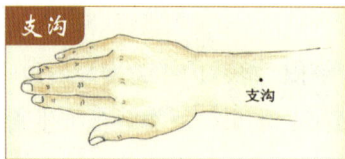

支沟

在手背，腕横纹上3寸，尺骨与桡骨之间。

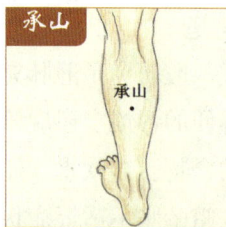

承山

在小腿后面正中，伸直小腿或足跟上提时，腓肠肌肌腹下出现的人字纹顶端凹陷处。

取坐姿，保持平静呼吸，右手握一核桃，使核桃尖端对准左侧穴位，心中默念"1、2、3、4、5、6、7、8"按压，重复8次，共64次。对侧也按相同方法操作。

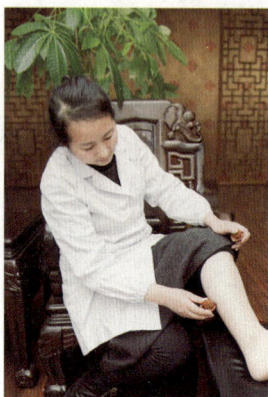

取坐姿，保持平静呼吸，右手握一核桃，使核桃尖端对准左侧穴位，心中默念"1、2、3、4、5、6、7、8"按压，重复8次，共64次。对侧也按相同方法操作。

（十八）脱肛

　　脱肛是指直肠、肛管在排大便后向下脱出于肛门之外，以老年人和小儿多见。病初仅大便时肛门脱垂，能自行回缩；病久则脱出较长，需用手托纳回，当行走、劳累、咳嗽、用力等而脱出，肛门坠胀不适。发生脱肛时宜平卧休息，平时应加强锻炼，排便时不要太用力。坚持用核桃按摩一些特效穴位，也可有效防治脱肛。

脱肛按摩的特效穴位及手法

头部

百会：用核桃尖端，选择"点压"或"叩击"手法。

上肢部

其门：用核桃尖端，选择"点压"手法。

身部

气海：用核桃尖端，选择"点压"或"震动"手法。

关元：用核桃尖端，选择"点压"或"震动"手法。

下肢部

足三里：用核桃尖端，选择"点压"或"震动"手法。

百会

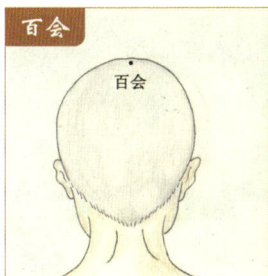

在头顶正中线与两耳尖连线的交叉处。

取坐姿，保持平静呼吸，左手或右手握住核桃，使核桃尖端对准穴位，心中默念"1、2、3、4、5、6、7、8"按压，重复8次，共64次。

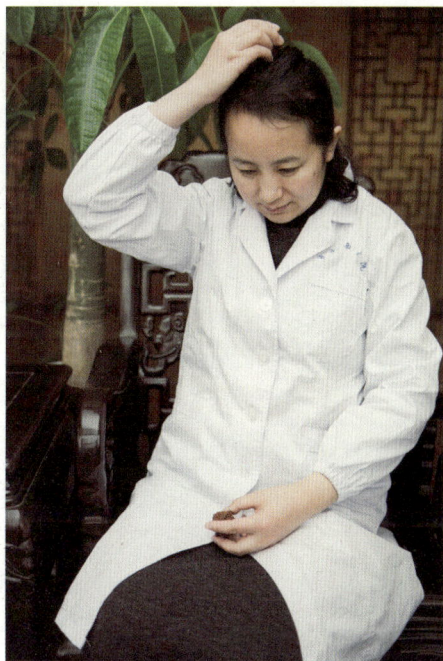

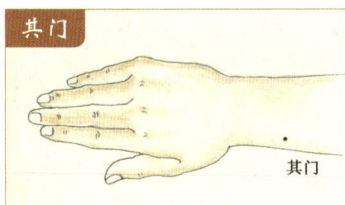

其门

在桡骨之外侧，手腕横纹正中央上2寸靠内侧1寸处。

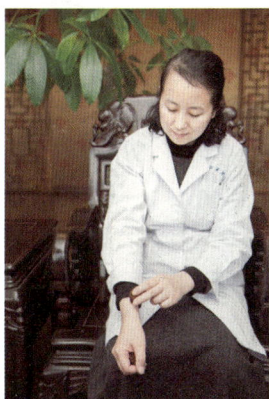

气海

在腹部，身体前正中线，脐中下1.5寸。

取坐姿，保持平静呼吸，左手握一核桃，使核桃尖端对准右侧穴位，心中默念"1、2、3、4、5、6、7、8"按压，重复8次，共64次。对侧也按相同方法操作。

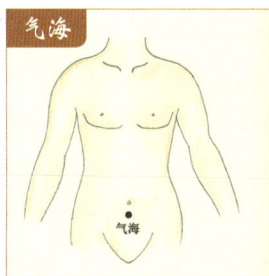

取坐姿，保持平静呼吸，左手或右手握住一核桃，使核桃尖端对准穴位，心中默念"1、2、3、4、5、6、7、8"按压，重复8次，共64次。

第四篇

两只核桃在手 操练健康好助手

养生操

关元

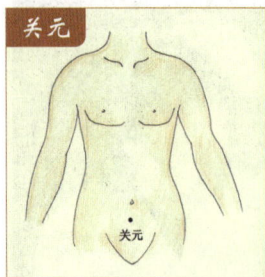

在腹部，身体前正中线，脐中下3寸。

取坐姿，保持平静呼吸，左手或右手握住一核桃，使核桃尖端对准穴位，心中默念"1、2、3、4、5、6、7、8"按压，重复8次，共64次。

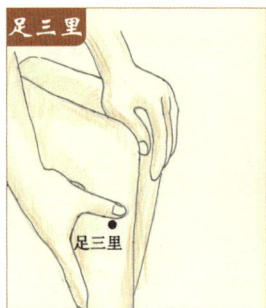

足三里

外膝眼正中直下3寸，胫骨外侧旁开1横指。

取坐姿，保持平静呼吸，右手握一核桃，使核桃尖端对准左侧穴位，心中默念"1、2、3、4、5、6、7、8"按压，重复8次，共64次。对侧也按相同方法操作。

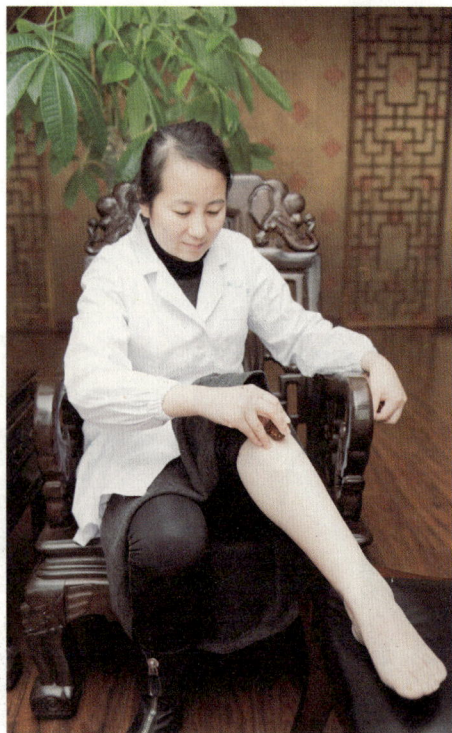

（十九）便秘

便秘是指大便次数减少和（或）粪便干燥难解。除养成定时排便的习惯、调整饮食习惯（多吃含纤维素多的食物）、多饮水、适当运动、保持良好的情绪等，使用核桃按摩一些特定穴位，可也起到预防便秘的作用。

便秘按摩的特效穴位及手法

上肢部

支沟：用核桃尖端，选择"点压"手法。

身部

大横：用核桃尖端，选择"点压"或"震动"手法。

下肢部

上巨虚：用核桃尖端，选择"点压"手法。

承山：用核桃尖端，选择"点压"手法。

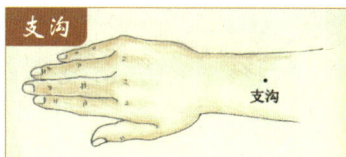

支沟

在手背，腕横纹上3寸，尺骨与桡骨之间。

取坐姿，保持平静呼吸，右手握一核桃，使核桃尖端对准左侧穴位，心中默念"1、2、3、4、5、6、7、8"按压，重复8次，共64次。对侧也按相同方法操作。

两只核桃在手 操练健康好助手

大横

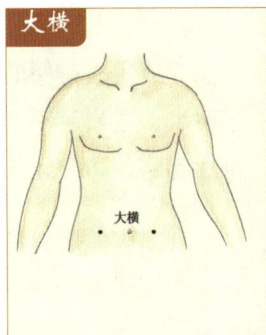

在腹中部，距脐中 4 寸。

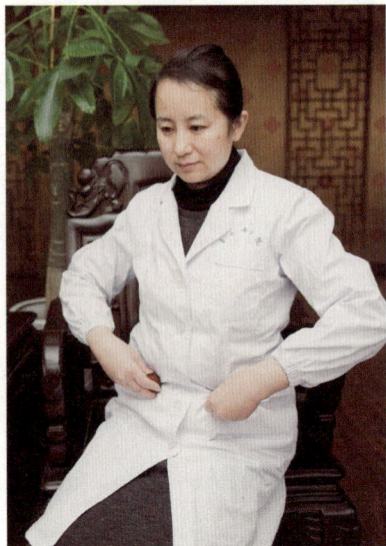

取坐姿，保持平静呼吸，双手各握住一核桃，使核桃尖端对准穴位，心中默念"1、2、3、4、5、6、7、8"按压，重复8次，共64次。

上巨虚

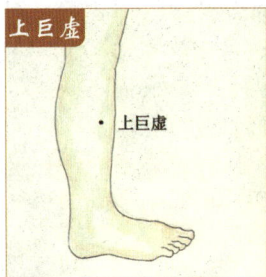

足三里穴下 3 寸。

承山

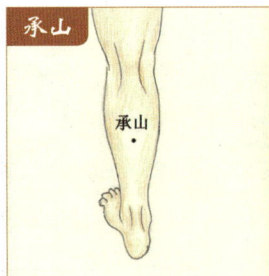

在小腿后面正中，伸直小腿或足跟上提时，腓肠肌肌腹下出现的人字纹顶端凹陷处。

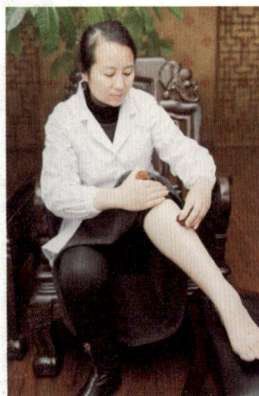

取坐姿，保持平静呼吸，左手握一核桃，使核桃尖端对准左侧穴位，心中默念"1、2、3、4、5、6、7、8"按压，重复8次，共64次。对侧也按相同方法操作。

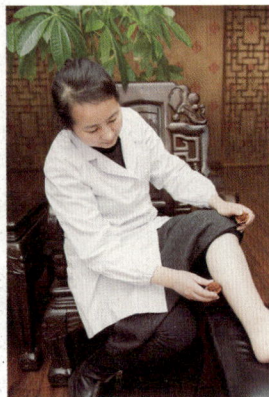

取坐姿，保持平静呼吸，右手握一核桃，使核桃尖端对准左侧穴位，心中默念"1、2、3、4、5、6、7、8"按压，重复8次，共64次。对侧也按相同方法操作。

（二十）痛经

痛经是指女性经期前后或行经期间，出现下腹部痉挛性疼痛，并伴有全身不适，严重影响日常生活的一种疾病，属于中医的"不通则痛"、"不荣则痛"。经常用核桃按摩特定穴位来调整经络气血运行，可解除患者痛经之苦。

痛经按摩的特效穴位及手法

上肢部

内关：用核桃尖端，选择"点压"手法。

合谷：用核桃尖端，选择"点压"手法。

下肢部

地机：用核桃尖端，选择"点压"手法。

三阴交：用核桃尖端，选择"点压"手法。

足三里：用核桃尖端，选择"点压"手法。

太白：用核桃尖端，选择"点压"或"叩击"手法。

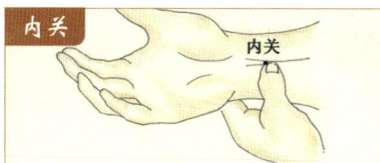

内关

在前臂掌侧，腕掌横纹中点向上2寸，掌长肌腱与桡侧腕屈肌腱之间。

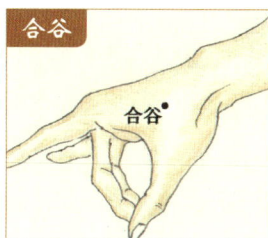

合谷

在手背，第1、2掌骨间，第2掌骨桡侧的中点处。

取坐姿，保持平静呼吸，左手握一核桃，使核桃尖端对准右侧穴位，心中默念"1、2、3、4、5、6、7、8"按压，重复8次，共64次。对侧也按相同方法操作。

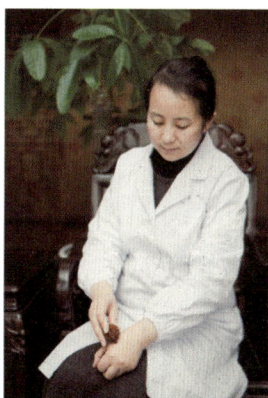

取坐姿，保持平静呼吸，右手握一核桃，使核桃尖端对准左侧穴位，心中默念"1、2、3、4、5、6、7、8"按压，重复8次，共64次。对侧也按相同方法操作。

两只核桃在手 操练健康好助手

养生操

地机

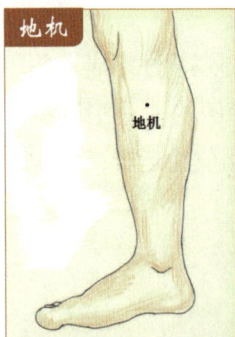

在小腿内侧，内踝尖与阴陵泉的连线上，阴陵泉下3寸。

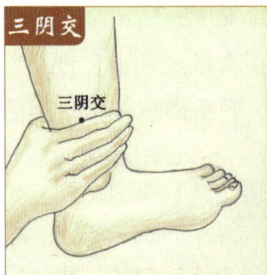

三阴交

足内踝尖上3寸，胫骨内侧缘后方。

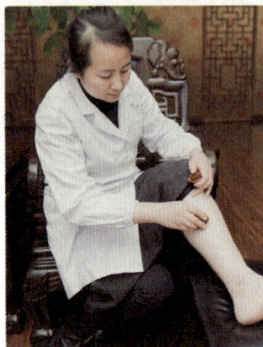

取坐姿，保持平静呼吸，右手握一核桃，使核桃尖端对准左侧穴位，心中默念"1、2、3、4、5、6、7、8"按压，重复8次，共64次。对侧也按相同方法操作。

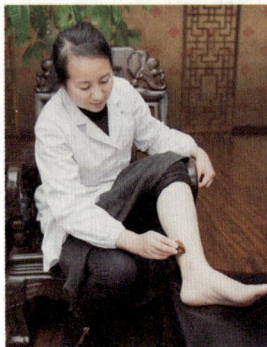

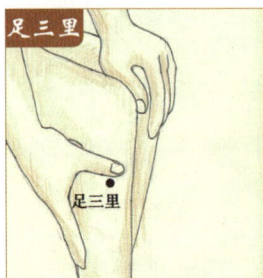

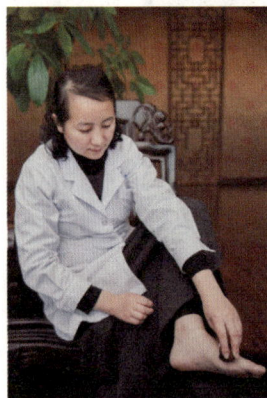

取坐姿，保持平静呼吸，右手握一核桃，使核桃尖端对准左侧穴位，心中默念"1、2、3、4、5、6、7、8"按压，重复8次，共64次。对侧也按相同方法操作。

足三里

外膝眼正中直下3寸，胫骨外侧旁开1横指。

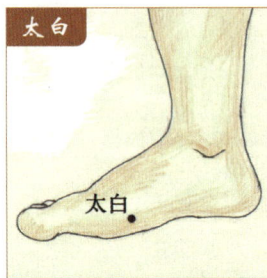

太白

在足内侧缘，足大趾第1跖趾关节后下方赤白肉际凹陷处。

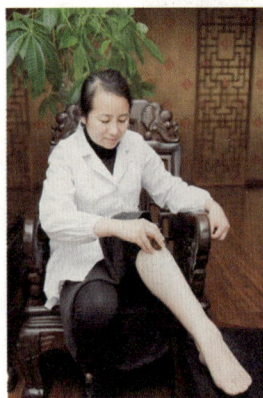

取坐姿，保持平静呼吸，右手握一核桃，使核桃尖端对准左侧穴位，心中默念"1、2、3、4、5、6、7、8"按压，重复8次，共64次。对侧也按相同方法操作。

取坐姿，保持平静呼吸，左手握一核桃，使核桃尖端对准左足穴位，心中默念"1、2、3、4、5、6、7、8"按压，重复8次，共64次。对侧也按相同方法操作。

（二十一）慢性盆腔炎

慢性盆腔炎往往是因盆腔炎急性期治疗不彻底迁延而来。主要表现为下腹部不适，有坠胀和疼痛感觉，下腹部酸痛，白带量增多，还可伴有疲乏、全身不适等症。在劳累、性交后、排便及月经前后症状加重。日常生活中用核桃按摩一些特效穴位，也有助于慢性盆腔炎的治疗。

慢性盆腔炎按摩的特效穴位及手法

身部

子宫：用核桃尖端，选择"点压"手法。

中极：用核桃尖端，选择"点压"或"震动"手法。

肝俞：用核桃尖端，选择"点压"或"弹拨"手法。

脾俞：用核桃尖端，选择"点压"或"弹拨"手法。

肾俞：用核桃尖端，选择"点压"或"弹拨"手法。

下肢部

阴陵泉：用核桃尖端，选择"点压"手法。

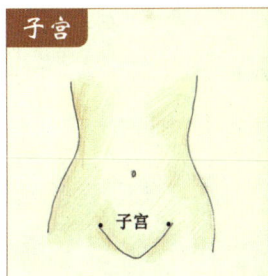

子宫

在下腹部，脐中下4寸，中极旁开3寸。

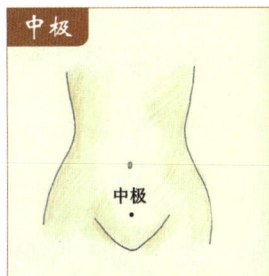

中极

体前正中线，脐下4寸。

取坐姿，保持平静呼吸，双手各握住一核桃，使核桃尖端对准穴位，心中默念"1、2、3、4、5、6、7、8"按压，重复8次，共64次。

取坐姿，保持平静呼吸，左手或右手握住一核桃，使核桃尖端对准穴位，心中默念"1、2、3、4、5、6、7、8"按压，重复8次，共64次。

第四篇

两只核桃在手 操练健康好助手

肝俞

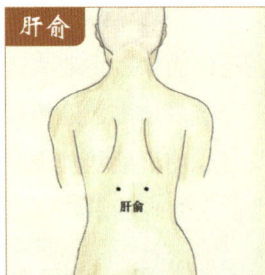

在背部，第9胸椎棘突下，旁开1.5寸。

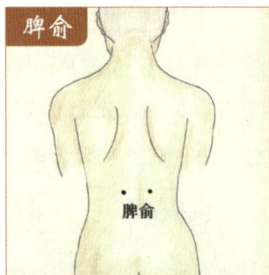

脾俞

在背部，第11胸椎棘突下，旁开1.5寸。

取坐姿，保持平静呼吸，双手各握住一核桃，将手转到背后，使核桃尖端对准穴位，心中默念"1、2、3、4、5、6、7、8"按压，重复8次，共64次。

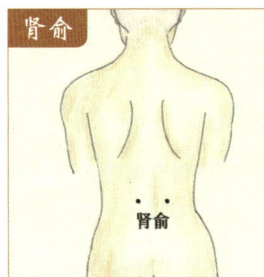

取坐姿，保持平静呼吸，双手各握住一核桃，将手转到背后，使核桃尖端对准穴位，心中默念"1、2、3、4、5、6、7、8"按压，重复8次，共64次。

肾俞

在背部，第2腰椎棘突下旁开1.5寸。

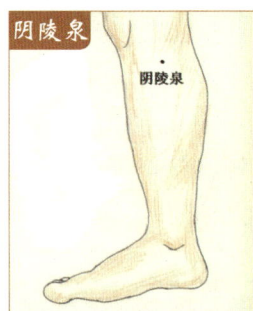

阴陵泉

在小腿内侧，膝下胫骨内侧髁下方凹陷中。

取坐姿，保持平静呼吸，双手各握住一核桃，将手转到背后，使核桃尖端对准穴位，心中默念"1、2、3、4、5、6、7、8"按压，重复8次，共64次。

取坐姿，保持平静呼吸，右手握一核桃，使核桃尖端对准左侧穴位，心中默念"1、2、3、4、5、6、7、8"按压，重复8次，共64次。对侧也按相同方法操作。

（二十二）月经失调

月经失调是指月经的周期、经期或经量出现异常，如月经提前或推后、经期延长、月经过多或过少等。中医学认为月经周期的异常一般与脏腑功能紊乱有关，经量的多少与气血的虚实有关。月经失调患者日常生活中坚持用核桃按摩一些特效穴位，可达到辅助治疗的效果。

月经失调按摩的特效穴位及手法

身部

肝俞：用核桃尖端，选择"点压"或"弹拨"手法。

关元：用核桃尖端，选择"点压"或"震动"手法。

下肢部

血海：用核桃尖端，选择"点压"手法。

三阴交：用核桃尖端，选择"点压"手法。

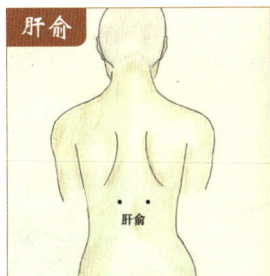

肝俞

在背部，第9胸椎棘突下，旁开1.5寸。

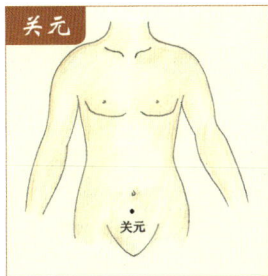

关元

在腹部，身体前正中线，脐中下3寸。

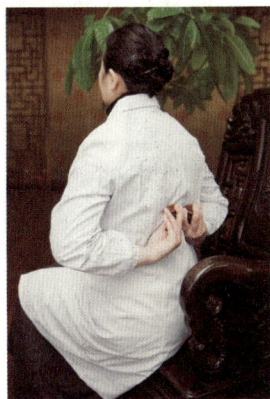

取坐姿，保持平静呼吸，双手各握住一核桃，将手转到背后，使核桃尖端对准穴位，心中默念"1、2、3、4、5、6、7、8"按压，重复8次，共64次。

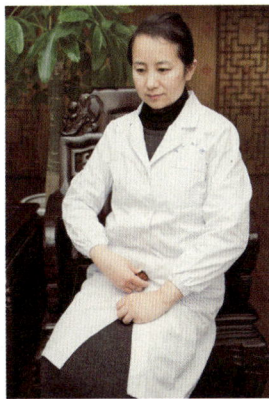

取坐姿，保持平静呼吸，左手或右手握住一核桃，使核桃尖端对准穴位，心中默念"1、2、3、4、5、6、7、8"按压，重复8次，共64次。

两只核桃在手 操练健康好助手

血海

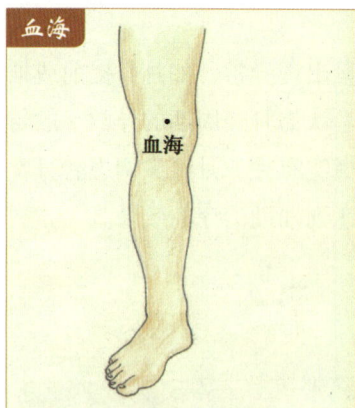

在大腿内侧，髌骨内上缘上2寸。

取坐姿，保持平静呼吸，右手握一核桃，使核桃尖端对准左侧穴位，心中默念"1、2、3、4、5、6、7、8"按压，重复8次，共64次。对侧也按相同方法操作。

三阴交

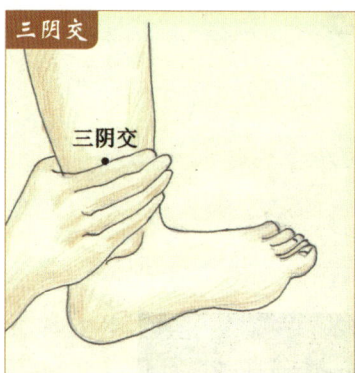

足内踝尖上3寸，胫骨内侧缘后方。

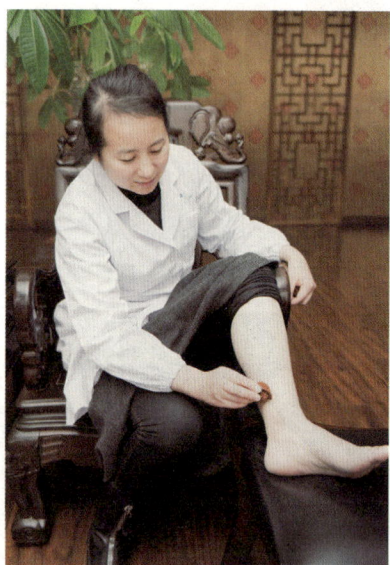

取坐姿，保持平静呼吸，右手握一核桃，使核桃尖端对准左侧穴位，心中默念"1、2、3、4、5、6、7、8"按压，重复8次，共64次。对侧也按相同方法操作。

（二十三）围绝经期综合征

围绝经期综合征是由雌激素水平下降而引起的一系列症状。中医学认为本病的根本在于肾、心、肝。通过核桃按摩一些特定穴位可起到补肾疏肝、调理气血的作用，可有效地缓解围绝经期综合征患者的生理和心理症状。

围绝经期综合征按摩的特效穴位及手法

头部

百会：用核桃尖端，选择"点压"或"叩击"手法。

上肢部

合谷：用核桃尖端，选择"点压"手法。

身部

关元：用核桃尖端，选择"点压"或"震动"手法。

下肢部

三阴交：用核桃尖端，选择"点压"手法。

太冲：用核桃尖端，选择"点压"手法。

太溪：用核桃尖端，选择"点压"手法。

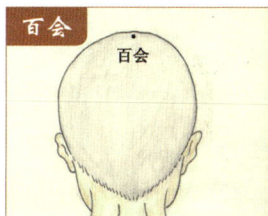

百会

在头顶正中线与两耳尖连线的交叉处。

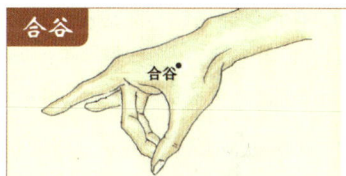

合谷

在手背，第1、2掌骨间，第2掌骨桡侧的中点处。

取坐姿，保持平静呼吸，左手或右手握住一核桃，使核桃尖端对准穴位，心中默念"1、2、3、4、5、6、7、8"按压，重复8次，共64次。

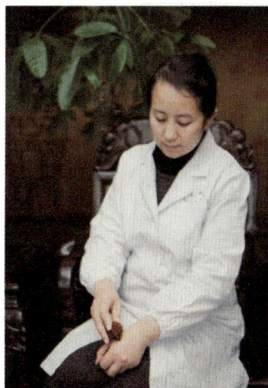

取坐姿，保持平静呼吸，右手握一核桃，使核桃尖端对准左侧穴位，心中默念"1、2、3、4、5、6、7、8"按压，重复8次，共64次。对侧也按相同方法操作。

第四篇

两只核桃在手 操练健康好助手

关元

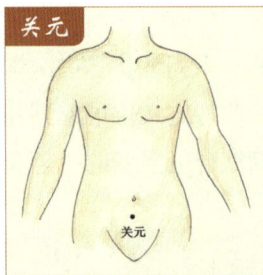

在腹部，身体前正中线，脐中下3寸。

三阴交

三阴交

足内踝尖上3寸，胫骨内侧缘后方。

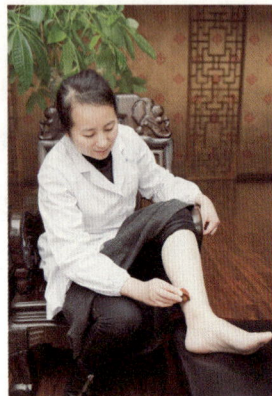

取坐姿，保持平静呼吸，左手或右手握住一核桃，使核桃尖端对准穴位，心中默念"1、2、3、4、5、6、7、8按压，重复8次，共64次。

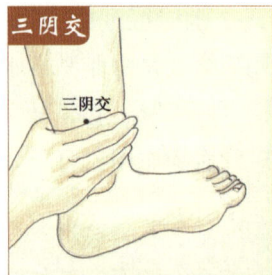

取坐姿，保持平静呼吸，右手握一核桃，使核桃尖端对准左足穴位，心中默念"1、2、3、4、5、6、7、8"按压，重复8次，共64次。对侧也按相同方法操作。

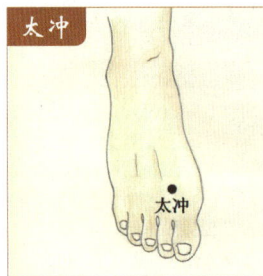

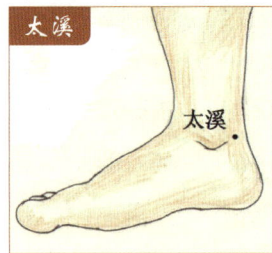

太冲

太冲

在足背侧，第1、2跖骨结合部之前凹陷处。

太溪

太溪

足内侧，内踝后方，内踝高点与跟腱之间的凹陷处。

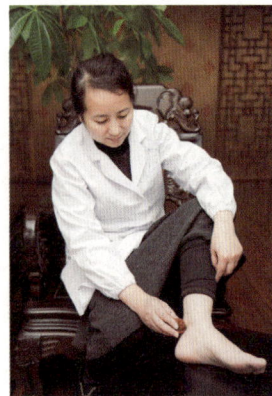

取坐姿，保持平静呼吸，右手握一核桃，使核桃尖端对准左足穴位，心中默念"1、2、3、4、5、6、7、8"按压，重复8次，共64次。对侧也按相同方法操作。

取坐姿，保持平静呼吸，右手握一核桃，使核桃尖端对准左足穴位，心中默念"1、2、3、4、5、6、7、8"按压，重复8次，共64次。对侧也按相同方法操作。

（二十四）落枕

落枕多因夜间睡觉时姿势不当或颈部受风寒所引起。多在睡前无任何症状，睡醒后出现颈部肌肉痉挛、强直、酸胀、疼痛及转头不便等。落枕影响工作和日常生活，使人十分痛苦。这时，只要用核桃按摩一些特效穴位，问题就可以迎刃而解。

落枕按摩的特效穴位及手法

头部

风池：用核桃尖端，选择"点压"手法或用核桃侧棱，选择"推刮"手法。

阿是穴：用核桃尖端，选择"点压"手法。

上肢部

外劳宫：用核桃尖端，选择"点压"手法。

后溪：用核桃尖端，选择"点压"手法。

合谷：用核桃尖端，选择"点压"手法。

躯干

肩井：用核桃尖端，选择"点压"或"弹拨"手法。

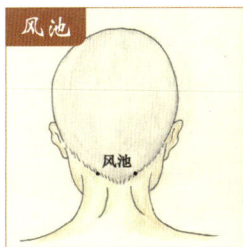

风池

在头顶正中线与两耳尖在后头部，枕骨下两侧后发际处，斜方肌上端与胸锁乳突肌之间的凹陷处。

取坐姿，保持平静呼吸，双手各握一核桃，使核桃尖端对准穴位，心中默念"1、2、3、4、5、6、7、8"按压，重复8次，共64次。或以核桃侧棱对准穴位，心中默念"1、2、3、4、5、6、7、8"推刮，重复8次，共64次。

外劳宫

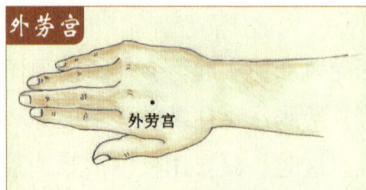

在手背侧，第2、3掌骨之间，掌指关节后约0.5寸。

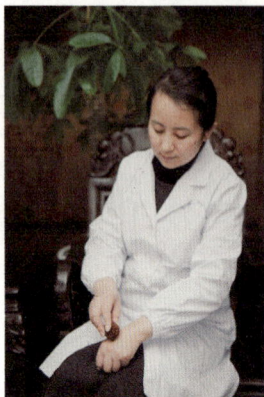

取坐姿，保持平静呼吸，右手握一核桃，使核桃尖端对准左侧穴位，心中默念"1、2、3、4、5、6、7、8"按压，重复8次，共64次。对侧也按相同方法操作。

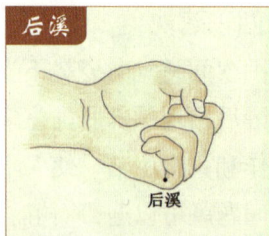

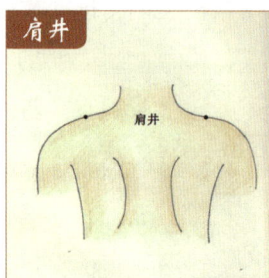

后溪

手掌尺侧，第5掌指关节后尺侧，手掌横纹头。

取坐姿，保持平静呼吸，左手握一核桃，使核桃尖端对准右侧穴位，心中默念"1、2、3、4、5、6、7、8"按压，重复8次，共64次。对侧也按相同方法操作。

合谷

在手背，第1、2掌骨间，第2掌骨桡侧的中点处。

取坐姿，保持平静呼吸，右手握一核桃，使核桃尖端对准左侧穴位，心中默念"1、2、3、4、5、6、7、8"按压，重复8次，共64次。对侧也按相同方法操作。

肩井

在大椎与肩峰端连线的中点上，前直对乳中。

取坐姿，保持平静呼吸，右手握一核桃，使核桃尖端对准左侧穴位，心中默念"1、2、3、4、5、6、7、8"按压，重复8次，共64次。对侧也按相同方法操作。

（二十五）网球肘

网球肘是由于手肘外侧的肌腱发炎所致。主要症状为自觉肘关节外上方活动疼痛，疼痛有时可向上或向下放射，提重物或拧毛巾等活动时疼痛加重。经常用核桃按摩一些特效穴位，可有效缓解疼痛。

网球肘按摩的特效穴位及手法

上肢部

阿是穴：用核桃尖端，选择"点压"手法。

曲池：用核桃尖端，选择"点压"手法。

肘髎：用核桃尖端，选择"点压"手法。

手三里：用核桃尖端，选择"点压"手法。

合谷：用核桃尖端，选择"点压"手法。

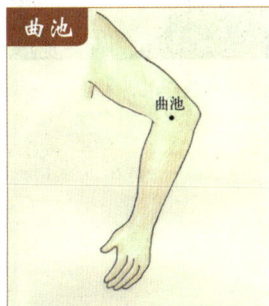

曲池

肘部弯曲时肘横纹桡侧端。

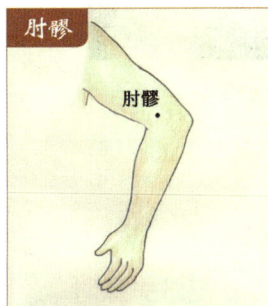

肘髎

屈肘，曲池穴上方1寸，肱骨边缘处。

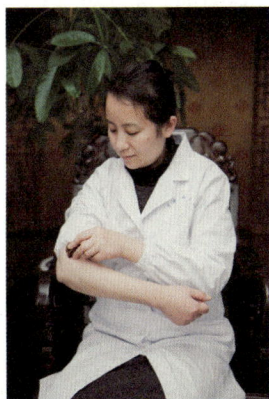

取坐姿，保持平静呼吸，左手握一核桃，使核桃尖端对准右侧穴位，心中默念"1、2、3、4、5、6、7、8"按压，重复8次，共64次。对侧也按相同方法操作。

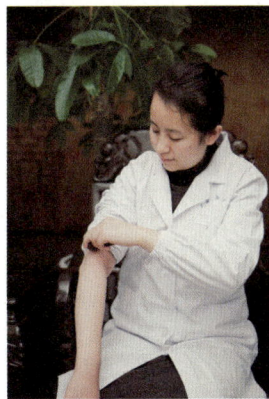

取坐姿，保持平静呼吸，左手握一核桃，使核桃尖端对准右侧穴位，心中默念"1、2、3、4、5、6、7、8"按压，重复8次，共64次。对侧也按相同方法操作。

第四篇

两只核桃在手 操练健康好助手

手三里

手三里・

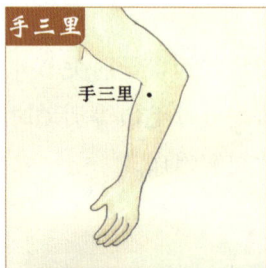

在前臂背面桡侧，曲池穴下3横指。

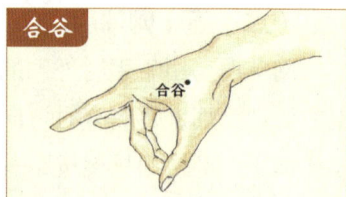

合谷

合谷・

在手背，第1、2掌骨间，第2掌骨桡侧的中点处。

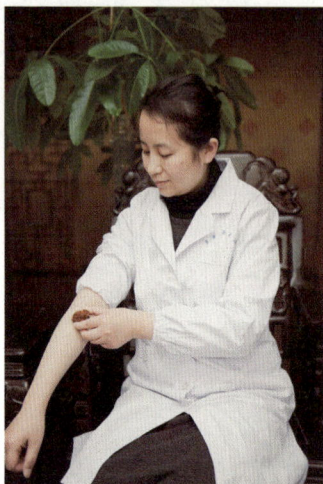

取坐姿，保持平静呼吸，左手握一核桃，使核桃尖端对准右侧穴位，心中默念"1、2、3、4、5、6、7、8"按压，重复8次，共64次。对侧也按相同方法操作。

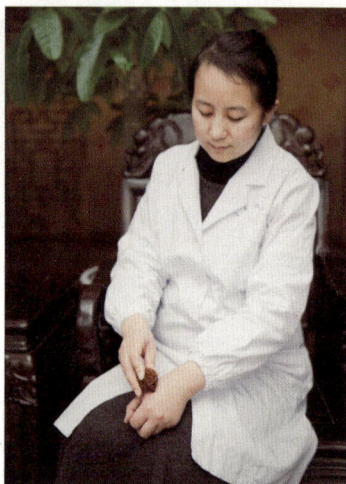

取坐姿，保持平静呼吸，右手握一核桃，使核桃尖端对准左侧穴位，心中默念"1、2、3、4、5、6、7、8"按压，重复8次，共64次。对侧也按相同方法操作。

（二十六）高尔夫球肘

高尔夫球肘主要表现为肘关节内侧局限性疼痛、压痛，在做拧洗衣服或前臂旋前动作以及屈腕时疼痛加重。经常使用核桃按摩一些特定穴位有松解粘连、活血止痛的作用，对本病有较好的疗效。

高尔夫球肘按摩的特效穴位及手法

上肢部

阿是穴：用核桃尖端，选择"点压"手法。

阳谷：用核桃尖端，选择"点压"手法。

少海：用核桃尖端，选择"点压"手法。

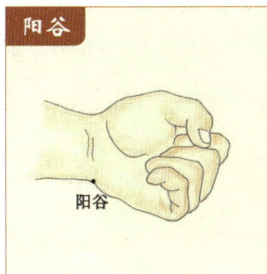

| 阳谷 | 手腕尺侧，尺骨茎突与三角骨之间的凹陷处。 |

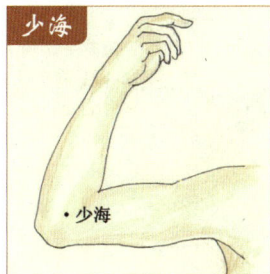

阳谷

| 少海 | 屈肘，在肘横纹尺侧纹头凹陷处取穴。 |

·少海

取坐姿，保持平静呼吸，左手握一核桃，使核桃尖端对准右侧穴位，心中默念"1、2、3、4、5、6、7、8"按压，重复8次，共64次。对侧也按相同方法操作。

取坐姿，保持平静呼吸，左手握一核桃，使核桃尖端对准右侧穴位，心中默念"1、2、3、4、5、6、7、8"按压，重复8次，共64次。对侧也按相同方法操作。

第四篇

两只核桃在手 操练健康好助手

（二十七）肩周炎

肩周炎俗称"漏肩风"、"五十肩"，大多发生在50岁以上中老年人，以肩关节疼痛和活动不便为主要症状。如得不到有效的治疗，有可能严重影响肩关节的功能活动。平时若经常用核桃按摩一些特定穴位，能够有效缓解肩周炎的症状。

肩周炎按摩的特效穴位及手法

肩部

阿是穴：用核桃尖端，选择"点压"手法。

肩髃：用核桃尖端，选择"点压"手法。

肩髎：用核桃尖端，选择"点压"手法。

肩贞：用核桃尖端，选择"点压"手法。

下肢部

丰隆：用核桃尖端，选择"点压"手法。

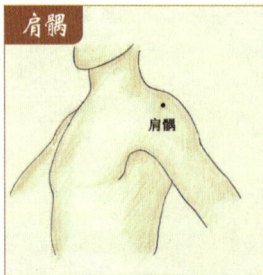

肩髃

在肩部，臂向前平伸时，肩峰前下方凹陷处。

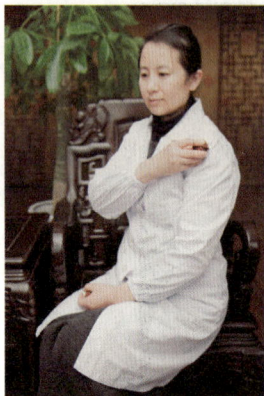

肩髎

在肩部，臂外展时，肩峰后下方呈现的凹陷处。

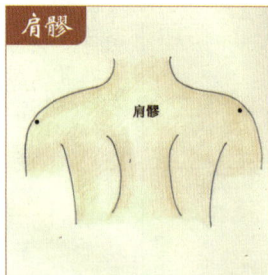

取坐姿，保持平静呼吸，右手握一核桃，使核桃尖端对准左侧穴位，心中默念"1、2、3、4、5、6、7、8"按压，重复8次，共64次。对侧也按相同方法操作。

取坐姿，保持平静呼吸，右手握一核桃，使核桃尖端对准左侧穴位，心中默念"1、2、3、4、5、6、7、8"按压，重复8次，共64次。对侧也按相同方法操作。

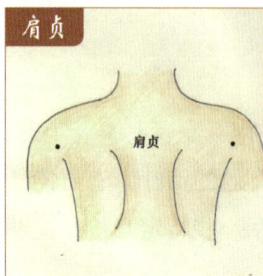

肩贞

在肩关节后下方，臂内收时，腋后纹头上1寸。

丰隆

小腿前外侧，膝眼和外踝的连线中点。

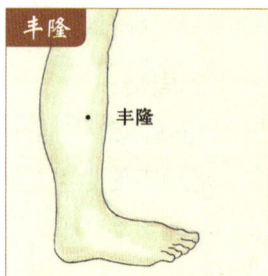

取坐姿，保持平静呼吸，右手握一核桃，使核桃尖端对准左侧穴位，心中默念"1、2、3、4、5、6、7、8"按压，重复8次，共64次。对侧也按相同方法操作。

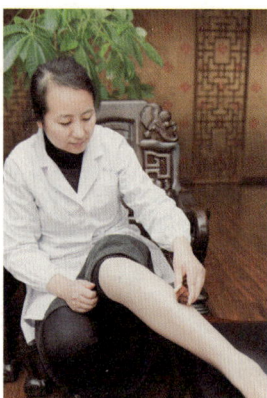

取坐姿，保持平静呼吸，左手握一核桃，使核桃尖端对准左侧穴位，心中默念"1、2、3、4、5、6、7、8"按压，重复8次，共64次。对侧也按相同方法操作。

（二十八）腰肌劳损

现代白领们每天长时间坐在电脑前工作，缺乏运动，很多人出现了腰部酸痛、不能久站或久坐的情况，一旦出现这种情况，那么您就要提防腰肌劳损了。经常用核桃对特定穴位进行按摩，有舒筋通络、促进腰部气血循环、消除腰肌疲劳的作用，可以有效地改善腰肌劳损的症状。

腰肌劳损按摩的特效穴位及手法

身部

腰眼：用核桃尖端，选择"点压"手法。

阿是穴：用核桃尖端，选择"点压"手法。

下肢部

委中：用核桃尖端，选择"点压"手法。

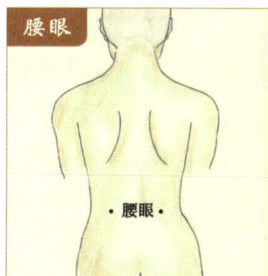

腰眼

在腰部，第4腰椎棘突左右3～4寸的凹陷处。

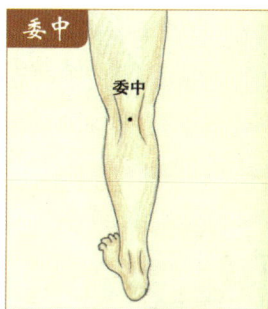

委中

在腘横纹中点。

取坐姿，保持平静呼吸，双手各握住一核桃，将手转到背后，使核桃尖端对准穴位，心中默念"1、2、3、4、5、6、7、8"按压，重复8次，共64次。

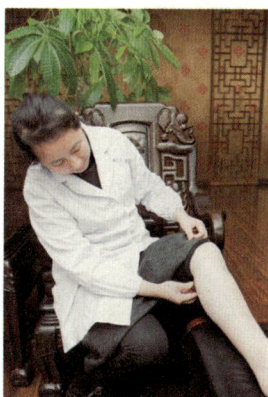

取坐姿，保持平静呼吸，右手握一核桃，使核桃尖端对准左侧穴位，心中默念"1、2、3、4、5、6、7、8"按压，重复8次，共64次。对侧也按相同方法操作。

第四篇

两只核桃在手 操练健康好助手

（二十九）坐骨神经痛

坐骨神经痛表现为下腰部或臀部疼痛，沿大腿后向小腿后外侧、足背外侧呈放射性、持续性或阵发性加重。中医认为坐骨神经痛是由于风寒湿邪阻滞经络而致经络气血不和引起。经常使用核桃按摩特定穴位，有舒筋活络，促进气血运行的作用，可有效的缓解坐骨神经痛。

坐骨神经痛按摩的特效穴位及手法

身部

环跳：用核桃尖端，选择"点压"手法。

大肠俞：用核桃尖端，选择"点压"或"弹拨"手法。

下肢部

委中：用核桃尖端，选择"点压"手法。

阳陵泉：用核桃尖端，选择"点压"手法。

丘墟：用核桃尖端，选择"点压"手法。

太溪：用核桃尖端，选择"点压"手法。

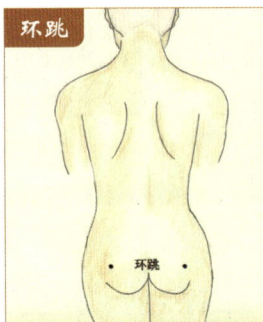

环跳

在臀外侧部，侧卧屈股时，股骨大转子高点与骶管裂孔连线的外 1/3 与内 2/3 交点处。

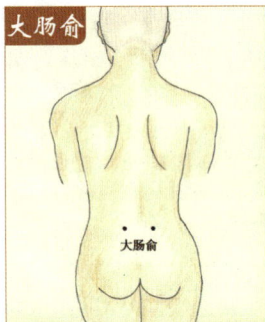

大肠俞

在腰部，第 4 腰椎棘突下，旁开 1.5 寸。

取坐姿，保持平静呼吸，双手各握住一核桃，将手转到背后，使核桃尖端对准穴位，心中默念"1、2、3、4、5、6、7、8"按压，重复8次，共64次。

取坐姿，保持平静呼吸，双手各握住一核桃，将手转到背后，使核桃尖端对准穴位，心中默念"1、2、3、4、5、6、7、8"按压，重复8次，共64次。

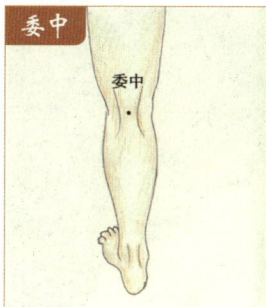

委中

在腘横纹中点。

取坐姿，保持平静呼吸，右手握一核桃，使核桃尖端对准左侧穴位，心中默念"1、2、3、4、5、6、7、8"按压，重复8次，共64次。对侧也按相同方法操作。

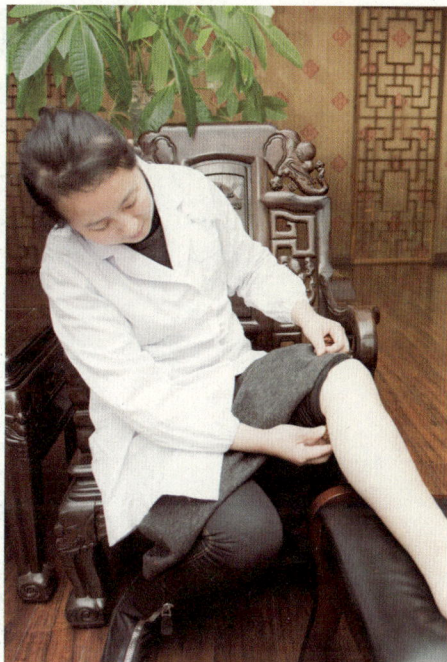

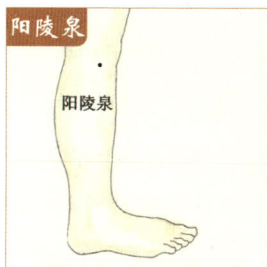

阳陵泉

在膝盖斜下方，小腿外侧之腓骨小头前下方凹陷中。

取坐姿，保持平静呼吸，左手握一核桃，使核桃尖端对准右侧穴位，心中默念"1、2、3、4、5、6、7、8"按压，重复8次，共64次。对侧也按相同方法操作。

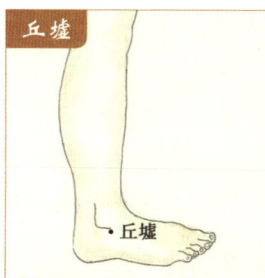

丘墟

在足外踝的前下方，趾长伸肌腱的外侧凹陷处。

取坐姿，保持平静呼吸，左手握一核桃，使核桃尖端对准左足穴位，心中默念"1、2、3、4、5、6、7、8"按压，重复8次，共64次。对侧也按相同方法操作。

第四篇

两只核桃在手 操练健康好助手

太溪

太溪·

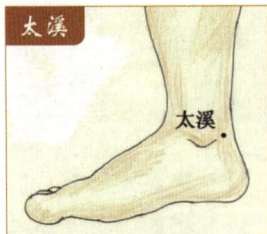

足内侧，内踝后方，内踝高点与跟腱之间的凹陷处。

取坐姿，保持平静呼吸，右手握一核桃，使核桃尖端对准左足穴位，心中默念"1、2、3、4、5、6、7、8"按压，重复8次，共64次。对侧也按相同方法操作。

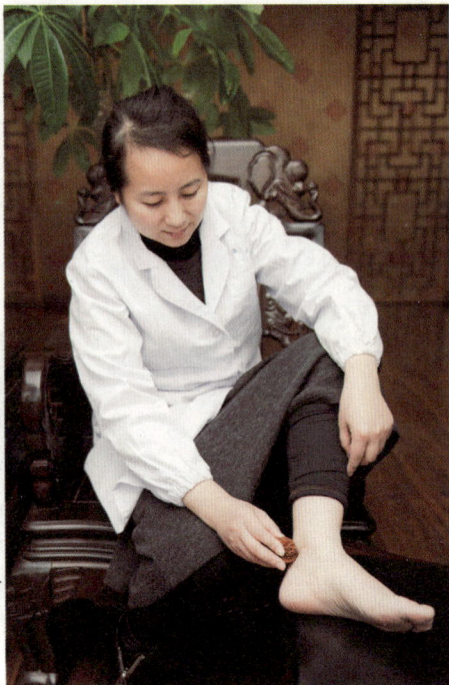

（三十）颈椎病

颈椎病多发生于长期低头伏案工作的人群，主要表现为颈肩痛，可放射至头枕部和上肢，还会有一侧面部发热、出汗异常等。日常生活中应做到坐姿正确，定时活动头颈肩部，睡觉枕头不宜过高，注意保暖。经常用核桃按摩一些特效穴位，可有效防治颈椎病。

颈椎病按摩的特效穴位及手法

头部

颈夹脊：用核桃侧棱，选择"推刮"手法。

上肢部

外关：用核桃尖端，选择"点压"手法。

列缺：用核桃尖端，选择"点压"或"叩击"手法。

合谷：用核桃尖端，选择"点压"手法。

后溪：用核桃尖端，选择"点压"手法。

下肢部

申脉：用核桃尖端，选择"点压"或"叩击"手法。

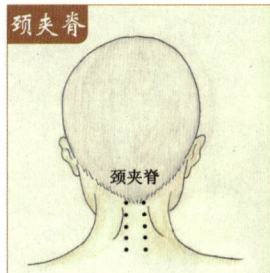

颈夹脊

自第1颈椎到第6颈椎棘突下旁开0.5寸。

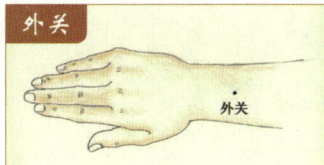

外关

在前臂外侧，腕背横纹向上3横指，桡骨与尺骨之间。

取坐姿，保持平静呼吸，双手各握一核桃，用核桃侧棱对准穴位，心中默念"1、2、3、4、5、6、7、8"刮推，重复8次，共64次。

取坐姿，保持平静呼吸，左手握一核桃，使核桃尖端对准右侧穴位，心中默念"1、2、3、4、5、6、7、8"按压，重复8次，共64次。对侧也按相同方法操作。

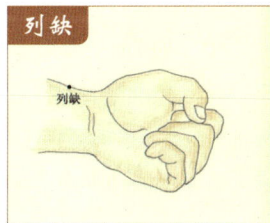

列缺

在人体前臂桡侧缘，桡骨茎突上方，腕横纹上1.5寸。

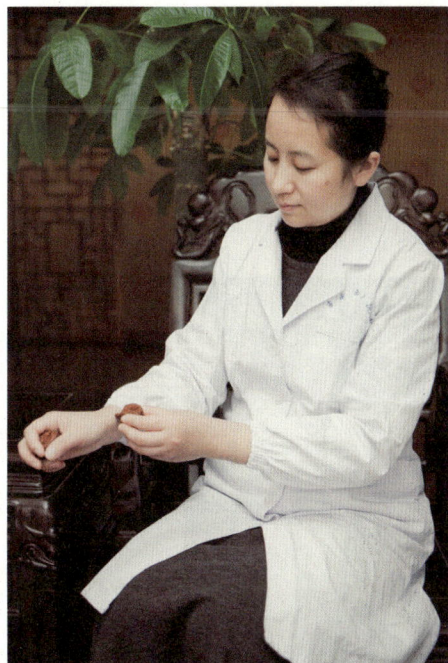

取坐姿，保持平静呼吸，左手握一核桃，使核桃尖端对准右侧穴位，心中默念"1、2、3、4、5、6、7、8"按压，重复8次，共64次。对侧也按相同方法操作。

第四篇

两只核桃在手 操练健康好助手

合谷

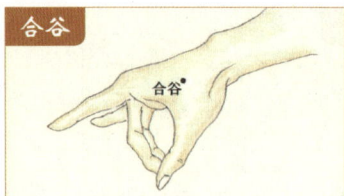

在手背，第1、2掌骨间，第2掌骨桡侧的中点处。

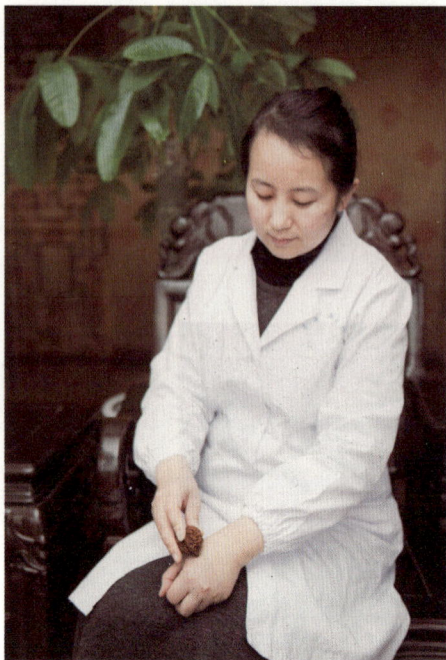

取坐姿，保持平静呼吸，右手握一核桃，使核桃尖端对准左侧穴位，心中默念"1、2、3、4、5、6、7、8"按压，重复8次，共64次。对侧也按相同方法操作。

后溪

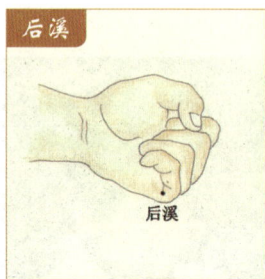

手掌尺侧，第5掌指关节后尺侧，手掌横纹头。

申脉

在足外侧，外踝直下方凹陷中。

取坐姿，保持平静呼吸，左手握一核桃，使核桃尖端对准右侧穴位，心中默念"1、2、3、4、5、6、7、8"按压，重复8次，共64次。对侧也按相同方法操作。

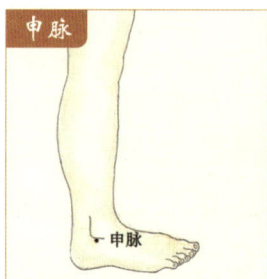

取坐姿，保持平静呼吸，左手握一核桃，使核桃尖端对准左足穴位，心中默念"1、2、3、4、5、6、7、8"按压，重复8次，共64次。对侧也按相同方法操作。

（三十一）鼠标手

现代越来越多的人每天长时间的接触、使用电脑，这些上网族每天重复着在键盘上打字和移动鼠标，手腕关节因长期密集、反复和过度的活动，导致腕部肌肉或关节麻痹、肿胀、疼痛、痉挛，使鼠标手迅速成为一种日渐普遍的现代文明病。每日使用核桃按摩手部特定穴位可有效预防鼠标手的发生。

鼠标手按摩的特效穴位及手法

上肢部

内关：用核桃尖端，选择"点压"手法。

外关：用核桃尖端，选择"点压"手法。

合谷：用核桃尖端，选择"点压"手法。

阿是穴：用核桃尖端，选择"点压"手法。

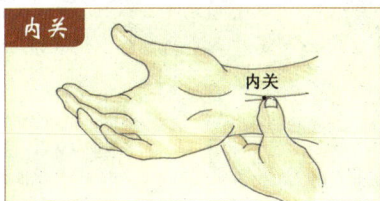

内关

在前臂掌侧，腕掌横纹中点向上2寸，掌长肌腱与桡侧腕屈肌腱之间。

取坐姿，保持平静呼吸，左手握一核桃，使核桃尖端对准右侧穴位，心中默念"1、2、3、4、5、6、7、8"按压，重复8次，共64次。对侧也按相同方法操作。

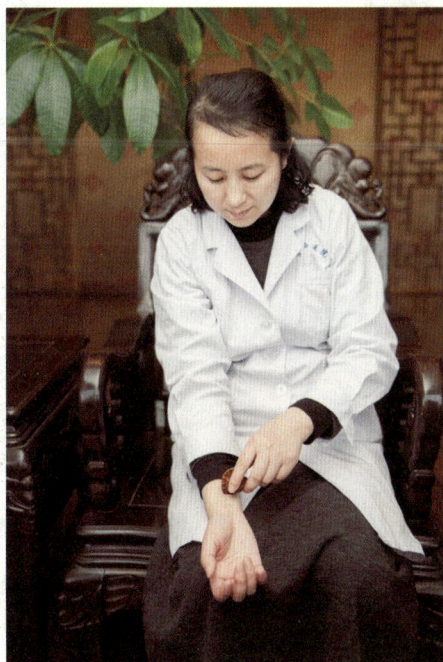

第四篇

两只核桃在手 操练健康好助手

外关

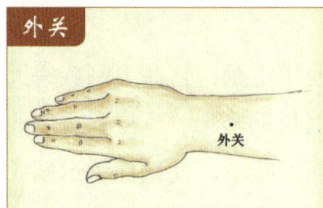

在前臂外侧,腕背横纹向上3横指,桡骨与尺骨之间。

取坐姿,保持平静呼吸,左手握一核桃,使核桃尖端对准右侧穴位,心中默念"1、2、3、4、5、6、7、8"按压,重复8次,共64次。对侧也按相同方法操作。

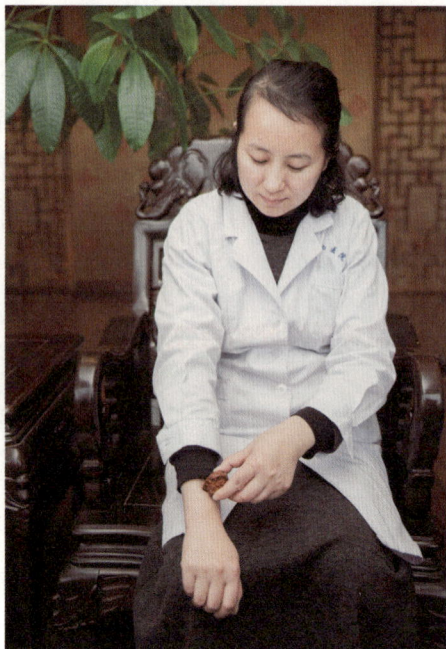

合谷

在手背,第1、2掌骨间,第2掌骨桡侧的中点处。

取坐姿,保持平静呼吸,右手握一核桃,使核桃尖端对准左侧穴位,心中默念"1、2、3、4、5、6、7、8"按压,重复8次,共64次。对侧也按相同方法操作。

（三十二）前列腺炎

前列腺炎主要表现为排尿时尿道灼痛、尿频尿急、排尿不畅、尿流变细或中断，严重时有尿潴留、尿道烧灼感、蚁行感，会阴、肛门部疼痛，并逐渐向腰骶、下腹、大腿等部位放射。前列腺炎患者日常生活中应养成良好的生活习惯，不吸烟，不饮酒，及时排尿，再坚持用核桃按摩一些特效穴位，能起到很好的防治作用。

前列腺炎按摩的特效穴位及手法

身部

中极：用核桃尖端，选择"点压"或"震动"手法。

水道：用核桃尖端，选择"点压"或"震动"手法。

下肢部

阴陵泉：用核桃尖端，选择"点压"手法。

三阴交：用核桃尖端，选择"点压"手法。

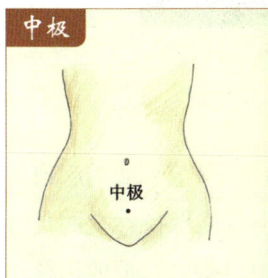

中极

体前正中线，脐下4寸。

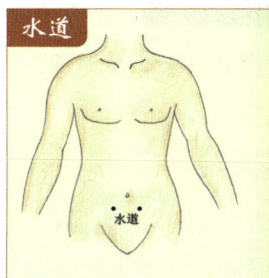

水道

在下腹部，脐中下3寸，距前正中线2寸。

取坐姿，保持平静呼吸，左手或右手握住一核桃，使核桃尖端对准穴位，心中默念"1、2、3、4、5、6、7、8"按压，重复8次，共64次。

取坐姿，保持平静呼吸，双手各握住一核桃，使核桃尖端对准穴位，心中默念"1、2、3、4、5、6、7、8"按压，重复8次，共64次。

第四篇

两只核桃在手 操练健康好助手

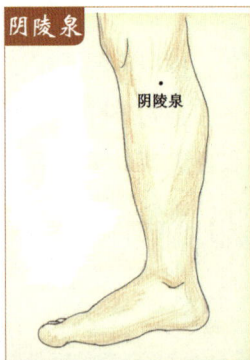

| 阴陵泉 | | 在小腿内侧，膝下胫骨内侧髁下方凹陷中。 | 三阴交 | | 足内踝尖上3寸，胫骨内侧缘后方。 |

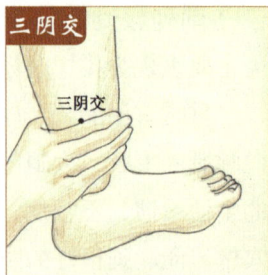

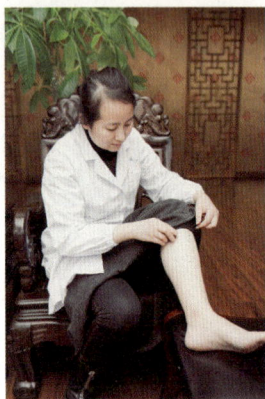

取坐姿，保持平静呼吸，右手握一核桃，使核桃尖端对准左侧穴位，心中默念"1、2、3、4、5、6、7、8"按压，重复8次，共64次。对侧也按相同方法操作。

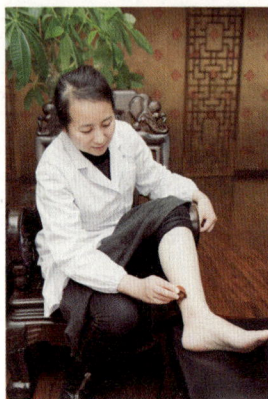

取坐姿，保持平静呼吸，右手握一核桃，使核桃尖端对准左侧穴位，心中默念"1、2、3、4、5、6、7、8"按压，重复8次，共64次。对侧也按相同方法操作。

（三十三）阳痿

阳痿又称勃起功能障碍，是指在有性欲要求时，阴茎不能勃起或勃起不坚，或者虽然有勃起且有一定程度的硬度，但不能保持性交的足够时间，因而妨碍性交或不能完成性交。日常生活中，持之以恒的用核桃按摩一些特定穴位，有助于治疗此病症。

阳痿按摩的特效穴位及手法

身部

中极：用核桃尖端，选择"点压"或"震动"手法。

脾俞：用核桃尖端，选择"点压"或"弹拨"手法。

命门：用核桃尖端，选择"点压"手法。

下肢部

三阴交：用核桃尖端，选择"点压"手法。

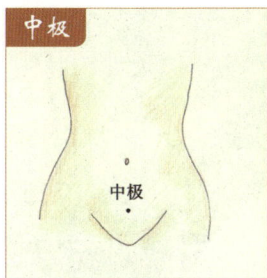

| 中极 | 体前正中线，脐下4寸。 | 脾俞 | 在背部，第11胸椎棘突下，旁开1.5寸。 |

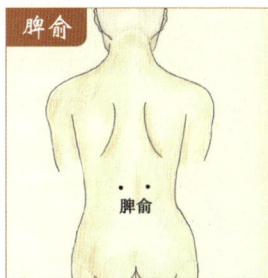

中极

脾俞

取坐姿，保持平静呼吸，左手或右手握住一核桃，使核桃尖端对准穴位，心中默念"1、2、3、4、5、6、7、8"按压，重复8次，共64次。

取坐姿，保持平静呼吸，双手各握住一核桃，将手转到背后，使核桃尖端对准穴位，心中默念"1、2、3、4、5、6、7、8"按压，重复8次，共64次。

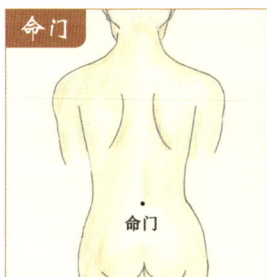

命门

命门

在背部，第2、3腰椎棘突间。

取坐姿，保持平静呼吸，左手或右手握一核桃，将手转到背后，使核桃尖端对准穴位，心中默念"1、2、3、4、5、6、7、8"按压，重复8次，共64次。

两只核桃在手 操练健康好助手

三阴交

三阴交

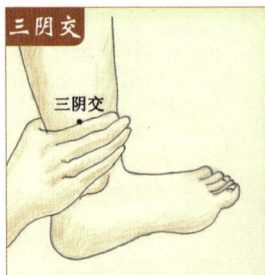

足内踝尖上3寸，胫骨内侧
缘后方。

取坐姿，保持平静呼吸，右手握一核桃，
使核桃尖端对准左侧穴位，心中默念"1、2、3、
4、5、6、7、8"按压，重复8次，共64次。
对侧也按相同方法操作。

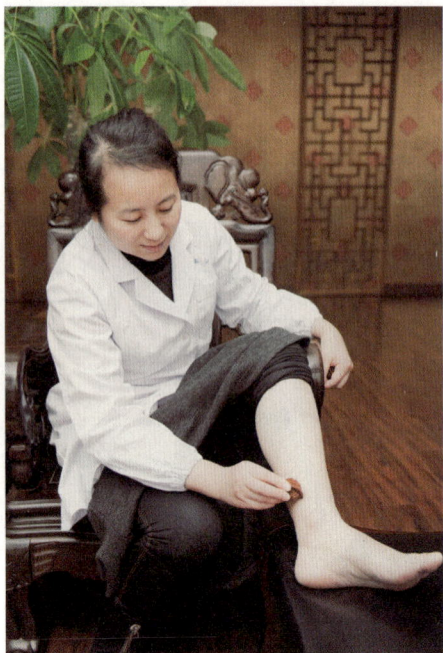

（三十四）性冷淡

性冷淡在心理学上被称为"性感缺乏"，以女性居多。主要表现为
性欲淡漠、性交疼痛、精神萎靡不振等，还可伴有记忆力减退、腰酸乏
力、四肢困倦、毛发脱落等现象。平时坚持用核桃按摩一些特效穴位，
有助于防治性冷淡。

性冷淡按摩的特效穴位及手法

身部

命门：用核桃尖端，选择"点压"手法。

肾俞：用核桃尖端，选择"点压"或"弹拨"手法。

气海：用核桃尖端，选择"点压"或"震动"手法。

关元：用核桃尖端，选择"点压"或"震动"手法。

下肢部

涌泉：用核桃尖端，选择"点压"手法。

三阴交：用核桃尖端，选择"点压"手法。

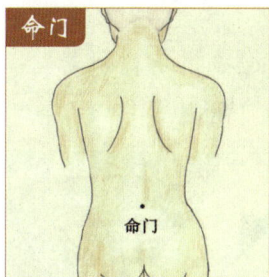

命门

在背部，第2、3腰椎棘突间。

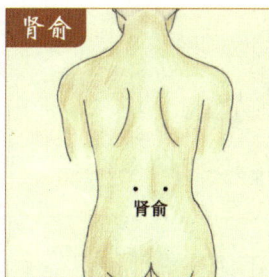

肾俞

在背部，第2腰椎棘突下旁开1.5寸。

取坐姿，保持平静呼吸，左手或右手握一核桃，将手转到背后，使核桃尖端对准穴位，心中默念"1、2、3、4、5、6、7、8"按压，重复8次，共64次。

取坐姿，保持平静呼吸，双手各握住一核桃，将手转到背后，使核桃尖端对准穴位，心中默念"1、2、3、4、5、6、7、8"按压，重复8次，共64次。

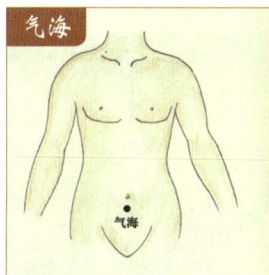

气海

在腹部，身体前正中线，脐中下1.5寸。

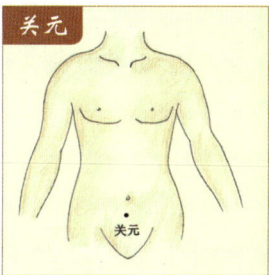

关元

在腹部，身体前正中线，脐中下3寸。

145

第四篇

两只核桃在手 操练健康好助手

取坐姿，保持平静呼吸，左手或右手握住一核桃，使核桃尖端对准穴位，心中默念"1、2、3、4、5、6、7、8"按压，重复8次，共64次。

取坐姿，保持平静呼吸，左手或右手握住一核桃，使核桃尖端对准穴位，心中默念"1、2、3、4、5、6、7、8"按压，重复8次，共64次。

涌泉

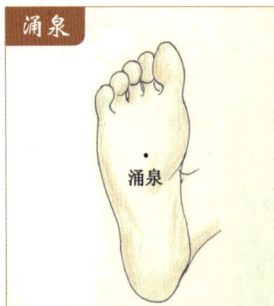

在足底部，屈足卷趾时足前部凹陷处，约足底第 2、3 跖趾缝纹头端与足跟连线的前 1/3 与后 2/3 交点上。

取坐姿，保持平静呼吸，右手握一核桃，使核桃尖端对准左足穴位，心中默念"1、2、3、4、5、6、7、8"按压，重复 8 次，共 64 次。对侧也按相同方法操作。

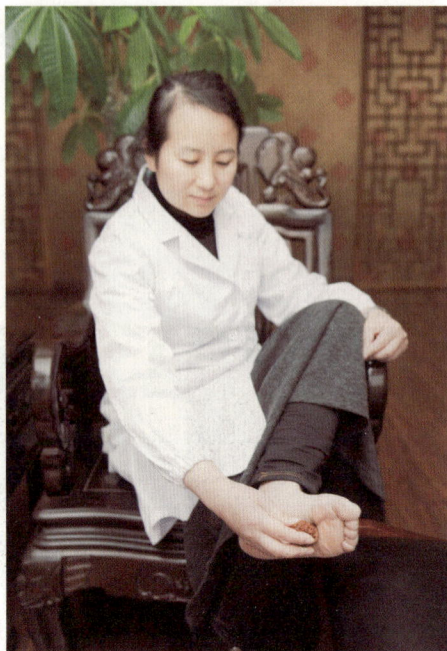

三阴交

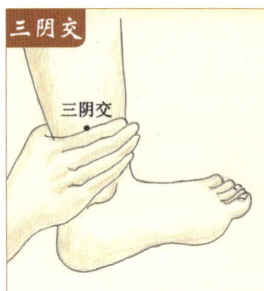

足内踝尖上 3 寸，胫骨内侧缘后方。

取坐姿，保持平静呼吸，右手握一核桃，使核桃尖端对准左侧穴位，心中默念"1、2、3、4、5、6、7、8"按压，重复 8 次，共 64 次。对侧也按相同方法操作。

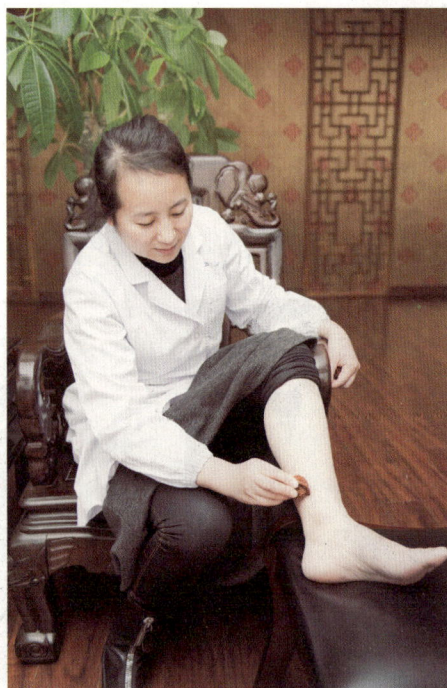

（三十五）慢性疲劳综合征

慢性疲劳综合征是现代高效、快节奏生活方式下出现的长时期（连续6个月以上）原因不明的极度疲劳感觉或身体不适，可归属于中医学"虚劳"、"郁病"等范畴。中医认为慢性疲劳综合征病位以肝、脾、肾为主，病机以气血失调为根本。而通过核桃按摩一些特定穴位，可起到补益肝脾肾、益气活血的作用，达到调整全身疲劳状态、增强抗病能力的功效。

慢性疲劳综合征按摩的特效穴位及手法

头部

百会：用核桃尖端，选择"点压"或"叩击"手法。

身部

气海：用核桃尖端，选择"点压"或"震动"手法。

关元：用核桃尖端，选择"点压"或"震动"手法。

肾俞：用核桃尖端，选择"点压"或"弹拨"手法。

脾俞：用核桃尖端，选择"点压"或"弹拨"手法。

下肢部

足三里：用核桃尖端，选择"点压"手法。

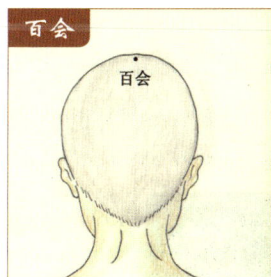

百会
百会

在头顶正中线与两耳尖连线的交叉处。

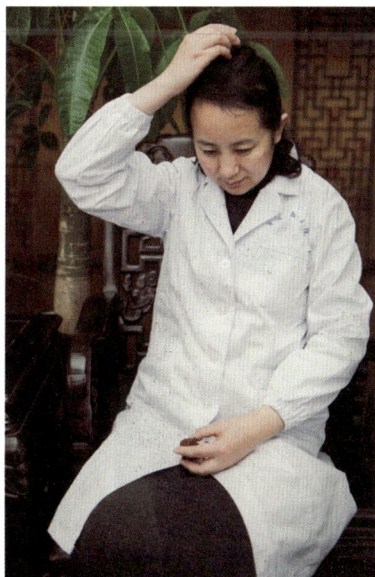

取坐姿，保持平静呼吸，左手或右手握住一核桃，使核桃尖端对准穴位，心中默念"1、2、3、4、5、6、7、8"按压，重复8次，共64次。

第四篇

两只核桃在手 操练健康好助手

气海

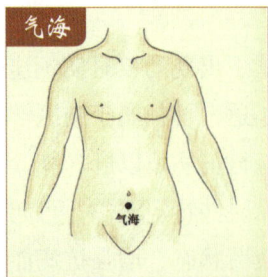

在腹部，身体前正中线，脐中下1.5寸。

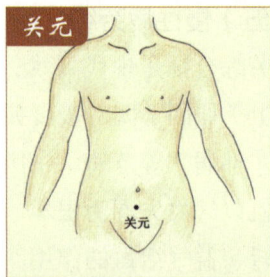

取坐姿，保持平静呼吸，左手或右手握住一核桃，使核桃尖端对准穴位，心中默念"1、2、3、4、5、6、7、8"按压，重复8次，共64次。

关元

在腹部，身体前正中线，脐中下3寸。

取坐姿，保持平静呼吸，左手或右手握住一核桃，使核桃尖端对准穴位，心中默念"1、2、3、4、5、6、7、8"按压，重复8次，共64次。

肾俞

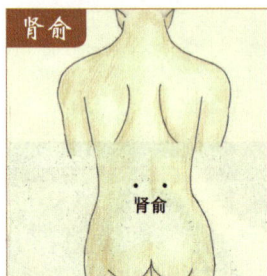

在背部，第2腰椎棘突下旁开1.5寸。

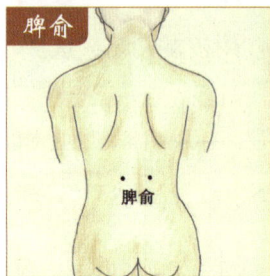

取坐姿，保持平静呼吸，双手各握住一核桃，将手转到背后，使核桃尖端对准穴位，心中默念"1、2、3、4、5、6、7、8"按压，重复8次，共64次。

脾俞

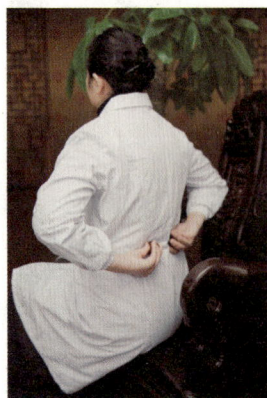

在背部，第11胸椎棘突下，旁开1.5寸。

取坐姿，保持平静呼吸，双手各握住一核桃，将手转到背后，使核桃尖端对准穴位，心中默念"1、2、3、4、5、6、7、8"按压，重复8次，共64次。

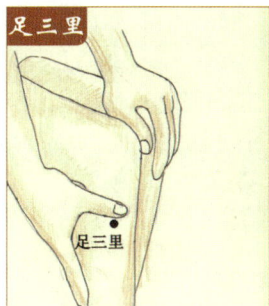

外膝眼正中直下3寸，胫骨外侧旁开1横指。

足三里

取坐姿，保持平静呼吸，右手握一核桃，使核桃尖端对准左侧穴位，心中默念"1、2、3、4、5、6、7、8"按压，重复8次，共64次。对侧也按相同方法操作。

（三十六）痛风

痛风多见于中年男性，抽血查尿酸值男性超过7毫克/分升，女性超过6毫克/分升为高尿酸血症。常于深夜因关节痛而惊醒，疼痛进行性加剧，难以忍受。受累关节及周围组织红、肿、热、痛和功能受限。痛风发作时，用核桃按摩一些特效穴位，并用热水泡脚，可使疼痛得到减轻。

痛风的特效穴位及手法

下肢部

太白：用核桃尖端，选择"点压"或"叩击"手法。

太溪：用核桃尖端，选择"点压"手法。

太冲：用核桃尖端，选择"点压"手法。

三阴交：用核桃尖端，选择"点压"手法。

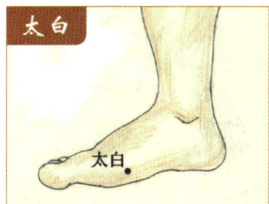

太白

在足内侧缘，足大趾第1跖趾关节后下方赤白肉际凹陷处。

取坐姿，保持平静呼吸，左手握一核桃，使核桃尖端对准左足穴位，心中默念"1、2、3、4、5、6、7、8"按压，重复8次，共64次。对侧也按相同方法操作。

第四篇

两只核桃在手 操练健康好助手

太溪

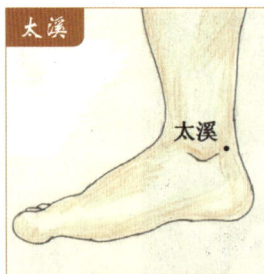

足内侧，内踝后方，内踝高点与跟腱之间的凹陷处。

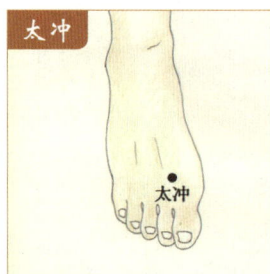

太溪

取坐姿，保持平静呼吸，右手握一核桃，使核桃尖端对准左足穴位，心中默念"1、2、3、4、5、6、7、8"按压，重复8次，共64次。对侧也按相同方法操作。

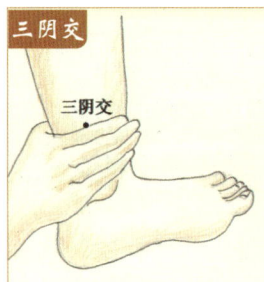

太冲

在足背侧，第1、2跖骨结合部之前凹陷处。

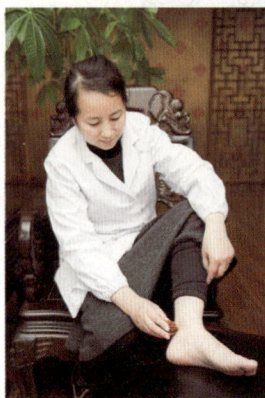

太冲

取坐姿，保持平静呼吸，右手握一核桃，使核桃尖端对准左足穴位，心中默念"1、2、3、4、5、6、7、8"按压，重复8次，共64次。对侧也按相同方法操作。

三阴交

三阴交

足内踝尖上3寸，胫骨内侧缘后方。

取坐姿，保持平静呼吸，右手握一核桃，使核桃尖端对准左侧穴位，心中默念"1、2、3、4、5、6、7、8"按压，重复8次，共64次。对侧也按相同方法操作。

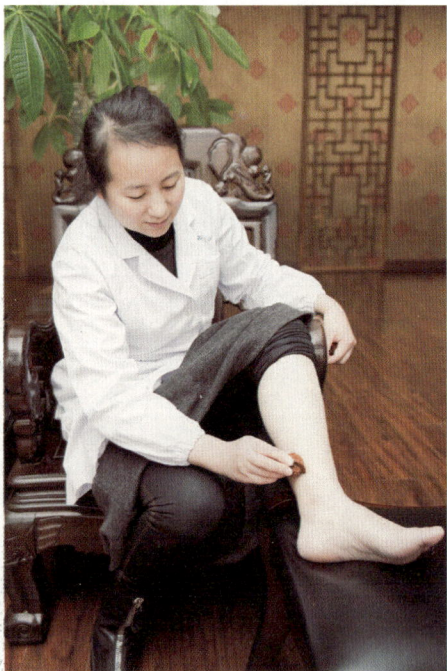

（三十七）鼻炎

鼻炎指的是鼻腔黏膜和黏膜下组织的炎症，表现为充血或者水肿。日常生活中要保证充足的休息，坚持体育锻炼，增强机体抵抗力等。当鼻炎发作的时候，经常会有鼻塞的症状出现，这时，可以用核桃按摩一些特定穴位，会起到缓解鼻塞的作用。平时坚持长期用核桃按摩这些穴位，不仅可以防止鼻炎的复发，还可以预防伤风感冒。

鼻炎按摩的特效穴位及手法

头部

上星：用核桃尖端，选择"点压"手法。

迎香：用核桃尖端，选择"点压"手法。

风池：用核桃尖端，选择"点压"手法，或用核桃侧棱，选择"推刮"手法。

印堂：用核桃尖端，选择"点压"手法。

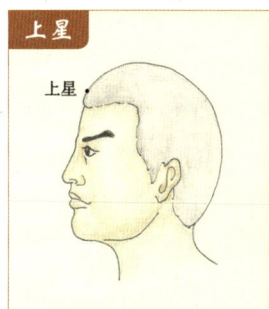

上星

上星

在前发际正中直上1寸。

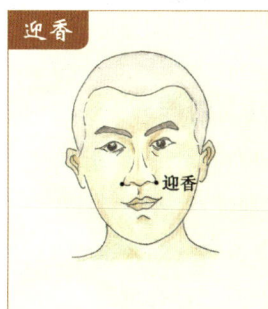

迎香

迎香

在面部，鼻翼外侧凹陷中。

取坐姿，保持平静呼吸，左手或右手握一核桃，使核桃尖端对准穴位，心中默念"1、2、3、4、5、6、7、8"按压，重复8次，共64次。

取坐姿，保持平静呼吸，双手各握一核桃，使核桃尖端对准穴位，心中默念"1、2、3、4、5、6、7、8"按压，重复8次，共64次。

第四篇

两只核桃在手 操练健康好助手

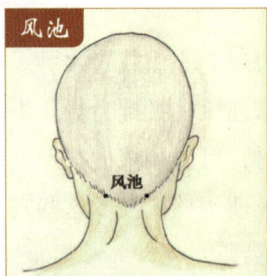

| 风池 | 在后头部，枕骨下两侧后发际处，斜方肌上端与胸锁乳突肌之间的凹陷处。 | 印堂 | 在额部，两眉头的中间。 |

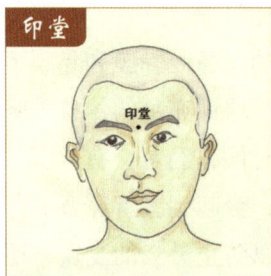

取坐姿，保持平静呼吸，双手各握一核桃，使核桃尖端对准穴位，心中默念"1、2、3、4、5、6、7、8"按压，重复8次，共64次。或选择核桃侧棱对准穴位，心中默念"1、2、3、4、5、6、7、8"推刮，重复8次，共64次。

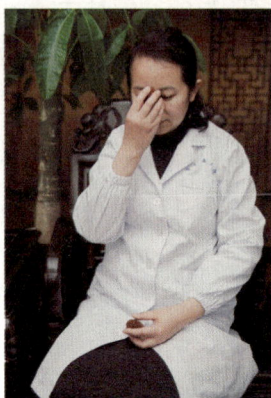

取坐姿，保持平静呼吸，左手或右手握一核桃，使核桃尖端对准穴位，心中默念"1、2、3、4、5、6、7、8"按压，重复8次，共64次。

（三十八）鼾症

鼾症俗称打呼噜，是指熟睡后鼾声响度增大超过60分贝以上，妨碍正常呼吸时的气体交换。打呼噜是健康的大敌，由于打呼噜使睡眠呼吸反复暂停，造成大脑严重缺氧，形成低氧血症，而诱发高血压、脑心病、心律失常、心肌梗死、心绞痛。对于后天因素导致打鼾的情况，中医可以借助穴位按摩起到辅助治疗和预防打鼾的效果。

鼾症的特效穴位及手法

身部

中脘：用核桃尖端，选择"点压"或"震动"手法。

天枢：用核桃尖端，选择"点压"或"震动"手法。

下肢部

阴陵泉：用核桃尖端，选择"点压"手法。

丰隆：用核桃尖端，选择"点压"手法。

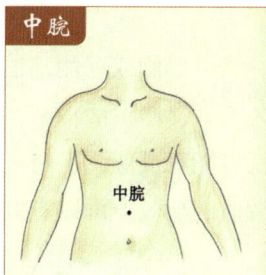
中脘

前正中线上，脐上4寸处。

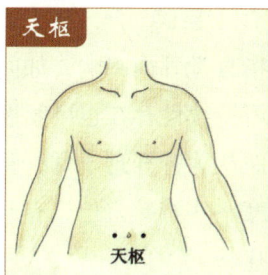
天枢

脐中旁开2寸。

取坐姿，保持平静呼吸，左手或右手握住一核桃，使核桃尖端对准穴位，心中默念"1、2、3、4、5、6、7、8"按压，重复8次，共64次。

取坐姿，保持平静呼吸，双手各握住一核桃，使核桃尖端对准穴位，心中默念"1、2、3、4、5、6、7、8"按压，重复8次，共64次。

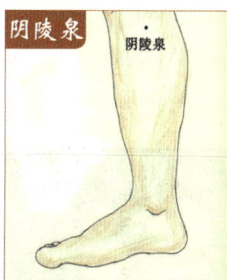
阴陵泉

在小腿内侧，膝下胫骨内侧髁下方凹陷中。

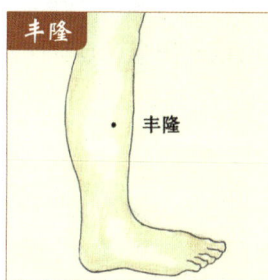
丰隆

小腿前外侧，膝眼和外踝的连线中点。

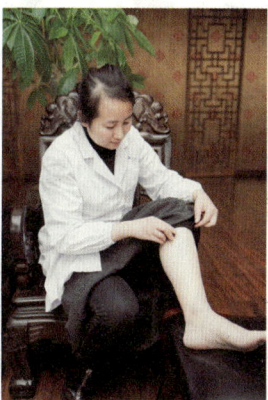

取坐姿，保持平静呼吸，右手握一核桃，使核桃尖端对准左侧穴位，心中默念"1、2、3、4、5、6、7、8"按压，重复8次，共64次。对侧也按相同方法操作。

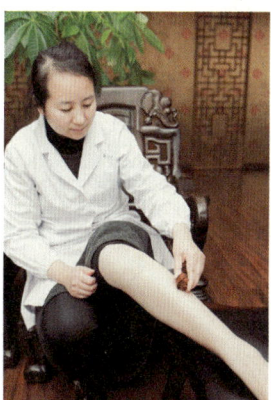

取坐姿，保持平静呼吸，左手握一核桃，使核桃尖端对准左侧穴位，心中默念"1、2、3、4、5、6、7、8"按压，重复8次，共64次。对侧也按相同方法操作。

第四篇

两只核桃在手 操练健康好助手

（三十九）耳鸣

耳鸣是指自觉耳内鸣响，如闻蝉声，或如潮声。可单侧或双侧，也可为头鸣，可持续性存在也可间歇性出现，时间久了就会给生活带来严重影响。中医认为肾开窍于耳，肾有病变，耳朵就可能有反应。平时坚持用核桃按摩一些特效穴位，有开窍聪耳、通络活血的功效，可以有效缓解耳鸣的症状。

耳鸣按摩的特效穴位及手法

头部

听宫：用核桃尖端，选择"点压"手法。

翳风：用核桃尖端，选择"点压"手法。

上肢部

外关：用核桃尖端，选择"点压"手法。

身部

肾俞：用核桃尖端，选择"点压"或"弹拨"手法。

下肢部

侠溪：用核桃尖端，选择"点压"手法。

悬钟：用核桃尖端，选择"点压"手法。

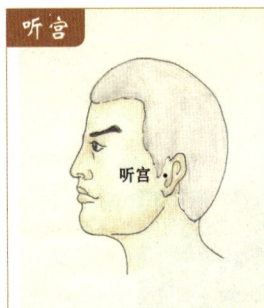

听宫

听宫

在面部，耳屏前，下颌骨髁状突的后方，张口时呈凹陷处。

取坐姿，保持平静呼吸，双手各握一核桃，使核桃尖端对准穴位，心中默念"1、2、3、4、5、6、7、8"按压，重复8次，共64次。

翳风

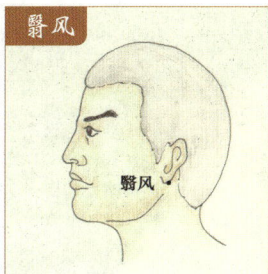

在耳垂后方，颞骨乳突下端前方凹陷中。

取坐姿，保持平静呼吸，双手各握一核桃，使核桃尖端对准穴位，心中默念"1、2、3、4、5、6、7、8"按压，重复8次，共64次。

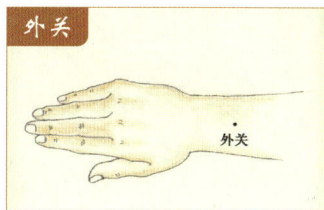

外关

在前臂外侧，腕背横纹向上3横指，桡骨与尺骨之间。

取坐姿，保持平静呼吸，左手握一核桃，使核桃尖端对准右侧穴位，心中默念"1、2、3、4、5、6、7、8"按压，重复8次，共64次。对侧也按相同方法操作。

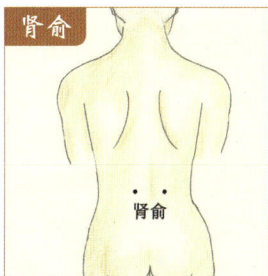

肾俞

在背部，第2腰椎棘突下旁开1.5寸。

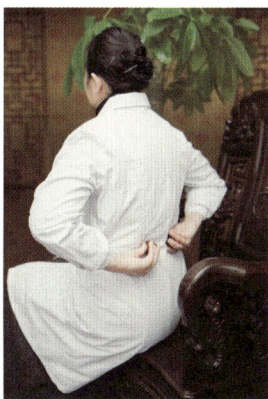

取坐姿，保持平静呼吸，双手各握住一核桃，将手转到背后，使核桃尖端对准穴位，心中默念"1、2、3、4、5、6、7、8"按压，重复8次，共64次。

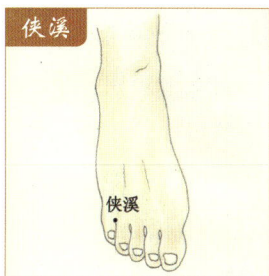

侠溪

在人体的足背外侧，第4、5趾间，趾蹼缘后方赤白肉际处。

取坐姿，保持平静呼吸，左手握一核桃，使核桃尖端对准左足穴位，心中默念"1、2、3、4、5、6、7、8"按压，重复8次，共64次。对侧也按相同方法操作。

第四篇　两只核桃在手 操练健康好助手

把玩核桃 养生操

悬钟

悬钟

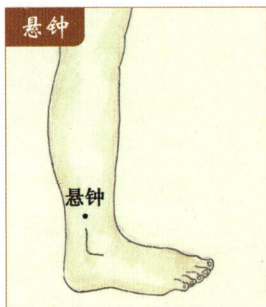

在外踝尖上3寸，腓骨前缘。

取坐姿，保持平静呼吸，左手握一核桃，使核桃尖端对准左足穴位，心中默念"1、2、3、4、5、6、7、8"按压，重复8次，共64次。对侧也按相同方法操作。

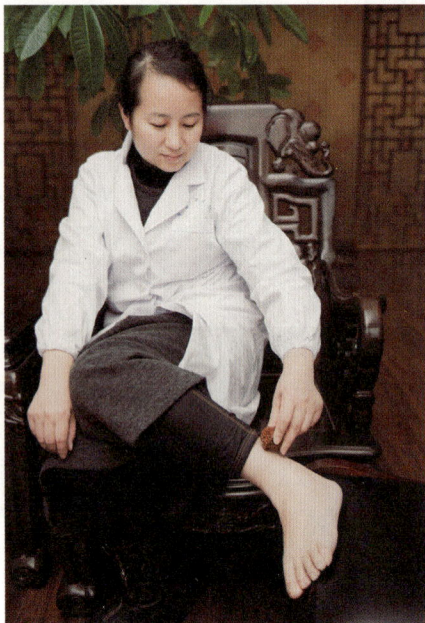

（四十）尿失禁

尿失禁是由于膀胱括约肌损伤或神经功能障碍而丧失排尿自控能力，使尿液不自主地流出。这给日常的生活带来了极大的不便，也给心理上带来极大的负担。中医认为，尿失禁多与肾虚不固有关，坚持用核桃按摩一些特效穴位，能够调节经络，增强脏腑之气，调动机体功能，恢复膀胱与尿道对尿液的控制，可以有效缓解尿失禁症状。自主按摩主要适应于功能性尿失禁。

尿失禁的特效穴位及手法

身部

关元：用核桃尖端，选择"点压"或"震动"手法。

中极：用核桃尖端，选择"点压"或"震动"手法。

肾俞：用核桃尖端，选择"点压"或"弹拨"手法。

水道：用核桃尖端，选择"点压"或"震动"手法。

下肢部

三阴交：用核桃尖端，选择"点压"手法。

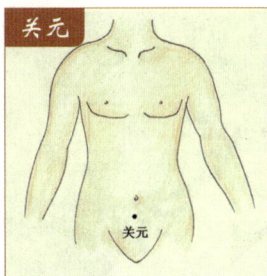

| 关元 | 在腹部，身体前正中线，脐中下3寸。 |

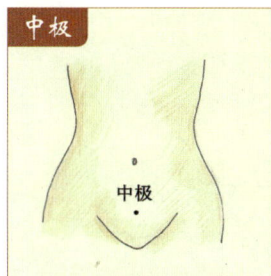

取坐姿，保持平静呼吸，左手或右手握住一核桃，使核桃尖端对准穴位，心中默念"1、2、3、4、5、6、7、8"按压，重复8次，共64次。

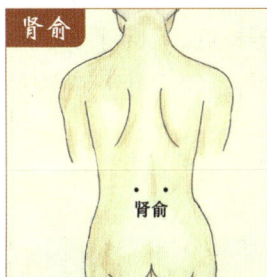

| 中极 | 体前正中线，脐下4寸。 |

取坐姿，保持平静呼吸，左手或右手握住一核桃，使核桃尖端对准穴位，心中默念"1、2、3、4、5、6、7、8"按压，重复8次，共64次。

| 肾俞 | 在背部，第2腰椎棘突下旁开1.5寸。 |

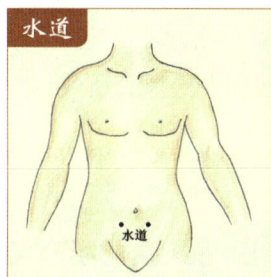

取坐姿，保持平静呼吸，双手各握住一核桃，将手转到背后，使核桃尖端对准穴位，心中默念"1、2、3、4、5、6、7、8"按压，重复8次，共64次。

| 水道 | 在下腹部，脐中下3寸，距前正中线2寸。 |

取坐姿，保持平静呼吸，双手各握住一核桃，使核桃尖端对准穴位，心中默念"1、2、3、4、5、6、7、8"按压，重复8次，共64次。

三阴交

三阴交

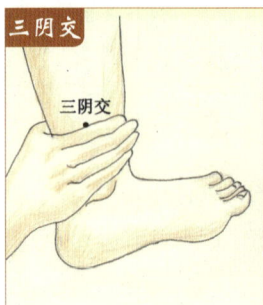

足内踝尖上3寸，胫骨内侧缘后方。

取坐姿，保持平静呼吸，右手握一核桃，使核桃尖端对准左侧穴位，心中默念"1、2、3、4、5、6、7、8"按压，重复8次，共64次。对侧也按相同方法操作。

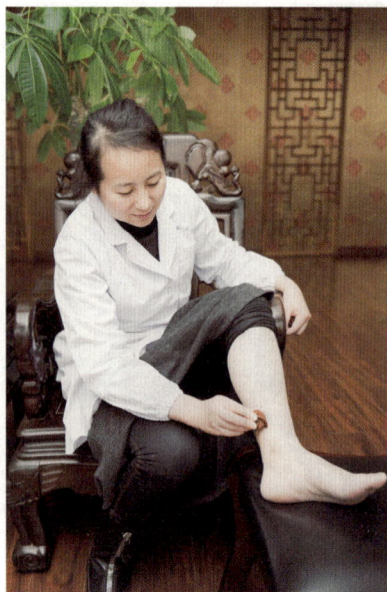

（四十一）偏头痛

偏头痛是由于神经、血管性功能失调所引起的疾病，常一侧头部疼痛反复发作，伴有恶心、呕吐，对光及声音过敏等特点。以年轻的成年女性居多，多因肝经风火所致，经常使用核桃按摩特定穴位可缓解症状。

偏头痛按摩的特效穴位及手法

头部

率谷：用核桃尖端，选择"点压"或"叩击"手法，或用核桃侧棱，选择"推刮"手法。

阿是穴：用核桃尖端，选择"点压"手法。

风池：用核桃尖端，选择"点压"手法，或用核桃侧棱，选择"推刮"手法。

上肢部

外关：用核桃尖端，选择"点压"手法。

下肢部

足临泣：用核桃尖端，选择"点压"手法。

太冲：用核桃尖端，选择"点压"手法。

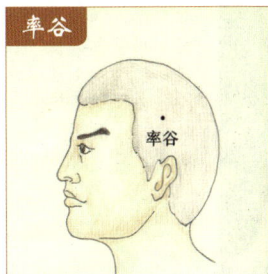

率谷

耳尖直上入发际1.5寸。

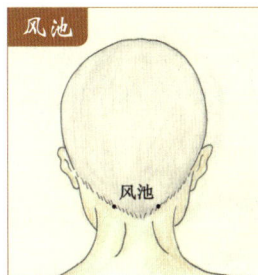

风池

在后头部，枕骨下两侧后发际处，斜方肌上端与胸锁乳突肌之间的凹陷处。

取坐姿，保持平静呼吸，双手各握一核桃，使核桃尖端对准穴位，心中默念"1、2、3、4、5、6、7、8"按压，重复8次，共64次。或以核桃侧棱对准穴位，心中默念"1、2、3、4、5、6、7、8"推刮，重复8次，共64次。

取坐姿，保持平静呼吸，双手各握一核桃，使核桃尖端对准穴位，心中默念"1、2、3、4、5、6、7、8"按压，重复8次，共64次。或以核桃侧棱对准穴位，心中默念"1、2、3、4、5、6、7、8"推刮，重复8次，共64次。

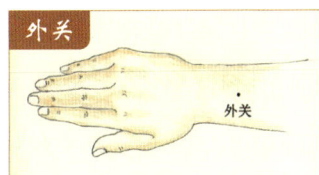

外关

在前臂外侧，腕背横纹向上3横指，桡骨与尺骨之间。

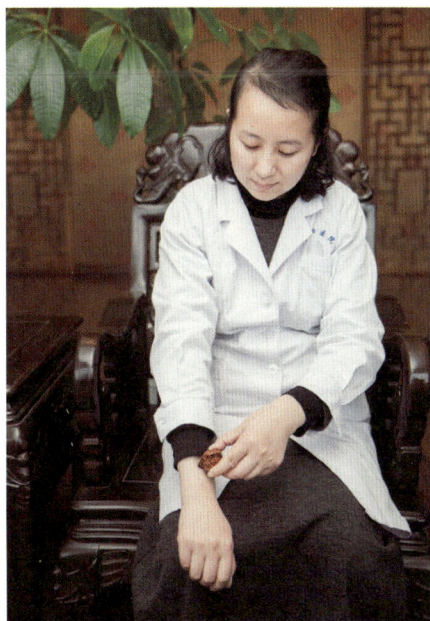

取坐姿，保持平静呼吸，左手握一核桃，使核桃尖端对准右侧穴位，心中默念"1、2、3、4、5、6、7、8"按压，重复8次，共64次。

第四篇

两只核桃在手 操练健康好助手

足临泣

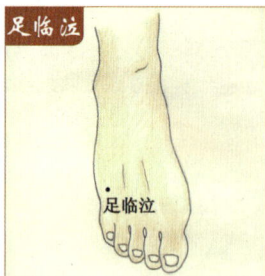

在足背外侧，第4趾、小趾跖骨夹缝中。

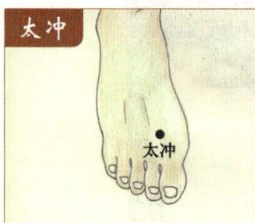

太冲

在足背侧，第1、2跖骨结合部之前凹陷处。

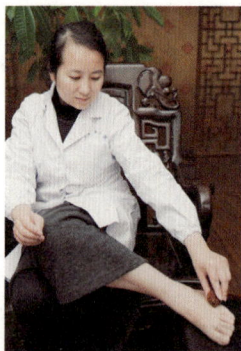

取坐姿，保持平静呼吸，双手各握住一核桃，使核桃尖端对准穴位，心中默念"1、2、3、4、5、6、7、8"按压，重复8次，共64次。

取坐姿，保持平静呼吸，右手握一核桃，使核桃尖端对准左足穴位，心中默念"1、2、3、4、5、6、7、8"按压，重复8次，共64次。对侧也按相同方法操作。

（四十二）眼睛疲劳

现代人每天长时间接触电脑、手机等，非常容易出现眼睛疲劳。通过核桃按摩一些特定穴位可快速让眼睛变得"精神饱满"起来，是一种能很好缓解眼睛疲劳的方法。

眼睛疲劳按摩的特效穴位及手法

头部

睛明：用核桃尖端，选择"点压"手法。

攒竹：用核桃尖端，选择"点压"手法。

太阳：用核桃尖端，选择"点压"手法。

上肢部

外关：用核桃尖端，选择"点压"手法。

合谷：用核桃尖端，选择"点压"手法。

下肢部

光明：用核桃尖端，选择"点压"手法。

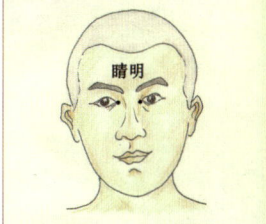

晴明

在眼部内侧，内眼角稍上方凹陷处。

攒竹

在面部，眉毛内侧边缘凹陷处。

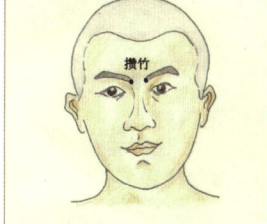

取坐姿，保持平静呼吸，双手各握一核桃，使核桃尖端对准穴位，心中默念"1、2、3、4、5、6、7、8"按压，重复8次，共64次。

取坐姿，保持平静呼吸，双手各握一核桃，使核桃尖端对准穴位，心中默念"1、2、3、4、5、6、7、8"按压，重复8次，共64次。

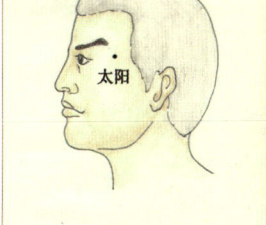

太阳

在头部，当眉梢与目外眦之间，向后约1横指的凹陷中。

外关

在前臂外侧，腕背横纹向上3横指，桡骨与尺骨之间。

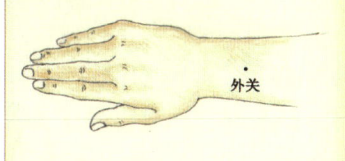

取坐姿，保持平静呼吸，双手各握一核桃，使核桃尖端对准穴位，心中默念"1、2、3、4、5、6、7、8"按压，重复8次，共64次。

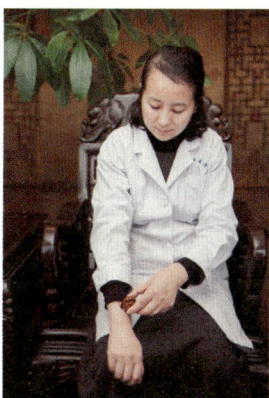

取坐姿，保持平静呼吸，左手握一核桃，使核桃尖端对准右侧穴位，心中默念"1、2、3、4、5、6、7、8"按压，重复8次，共64次。对侧也按相同方法操作。

第四篇　两只核桃在手 操练健康好助手

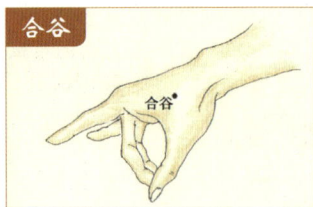

合谷

在手背，第1、2掌骨间，第2掌骨桡侧的中点处。

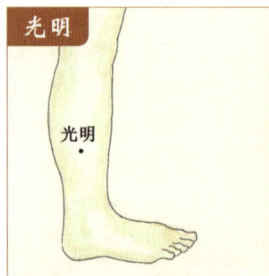

光明

在小腿外侧，外踝尖上5寸，腓骨前缘。

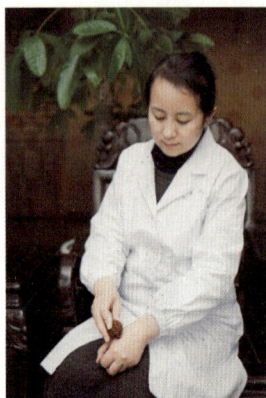

取坐姿，保持平静呼吸，右手握一核桃，使核桃尖端对准左侧穴位，心中默念"1、2、3、4、5、6、7、8"按压，重复8次，共64次。对侧也按相同方法操作。

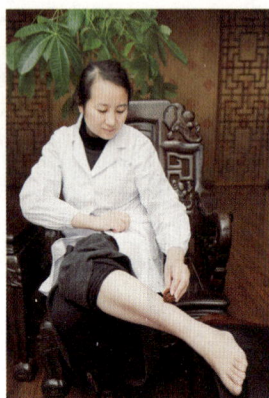

取坐姿，保持平静呼吸，左手握一核桃，使核桃尖端对准左侧穴位，心中默念"1、2、3、4、5、6、7、8"按压，重复8次，共64次。对侧也按相同方法操作。

（四十三）牙痛

牙痛的滋味使人难以忍受，俗话说"牙痛不是病，疼起来要人命"。牙痛发作时人们通常只能寻求牙医的帮助，而牙痛半夜发作或者不方便就医时，这时用核桃按摩一些特定穴位可以有效地缓解疼痛。

牙痛按摩的特效穴位及手法

头部

下关：用核桃尖端，选择"点压"手法。

颊车：用核桃尖端，选择"点压"手法。

上肢部

二间：用核桃尖端，选择"点压"或"叩击"手法。

下肢部

内庭：用核桃尖端，选择"点压"手法。

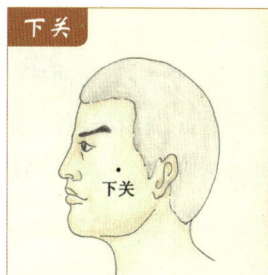
下关

在面部，耳前一横指，颧弓下陷处，张口时隆起，闭口取穴。

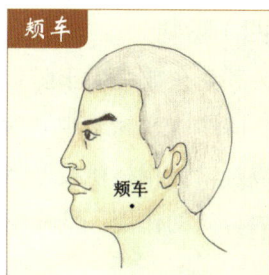
颊车

在面颊部，下颌角前上方，耳下大约一横指处，咀嚼时肌肉隆起时出现的凹陷处。

取坐姿，保持平静呼吸，双手各握一核桃，使核桃尖端对准穴位，心中默念"1、2、3、4、5、6、7、8"按压，重复8次，共64次。

取坐姿，保持平静呼吸，双手各握一核桃，使核桃尖端对准穴位，心中默念"1、2、3、4、5、6、7、8"按压，重复8次，共64次。

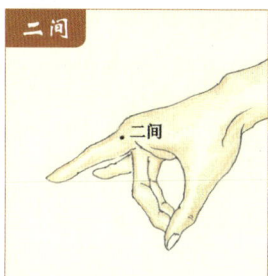
二间

微握拳，在食指第2掌指关节前，桡侧凹陷处。

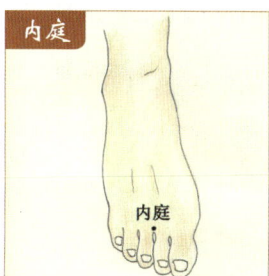
内庭

在足背，第2、3跖骨结合部前方凹陷处。

取坐姿，保持平静呼吸，右手握一核桃，使核桃尖端对准左侧穴位，心中默念"1、2、3、4、5、6、7、8"按压，重复8次，共64次。对侧也按相同方法操作。

取坐姿，保持平静呼吸，右手握一核桃，使核桃尖端对准左足穴位，心中默念"1、2、3、4、5、6、7、8"按压，重复8次，共64次。对侧也按相同方法操作。

第四篇

两只核桃在手 操练健康好助手

（四十四）粉刺

中医认为粉刺主要是由于肺胃内热，向上熏蒸颜面，血热瘀滞而成。日常生活中，除少吃辛辣、刺激性食物，用弱碱性香皂或洗面奶清洁面部外，还可以经常使用核桃按摩特定穴位，可起到清泻肺热、调和胃肠功能、调节内分泌的作用，从而缓解粉刺的发生。

粉刺按摩的特效穴位及手法

头部

太阳：用核桃尖端，选择"点压"手法。

印堂：用核桃尖端，选择"点压"手法。

颊车：用核桃尖端，选择"点压"手法。

上肢部

曲池：用核桃尖端，选择"点压"手法。

身部

大椎：用核桃尖端，选择"点压"或"弹拨"手法。

下肢部

内庭：用核桃尖端，选择"点压"手法。

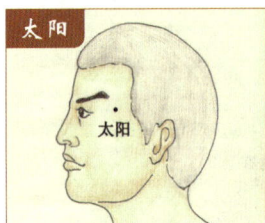

太阳

在头部，当眉梢与目外眦之间，向后约1横指的凹陷中。

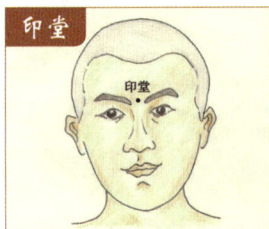

印堂

在额部，两眉头的中间。

取坐姿，保持平静呼吸，双手各握一核桃，使核桃尖端对准穴位，心中默念"1、2、3、4、5、6、7、8"按压，重复8次，共64次。

取坐姿，保持平静呼吸，左手或右手握住核桃，使核桃尖端对准穴位，心中默念"1、2、3、4、5、6、7、8"按压，重复8次，共64次。

颊车

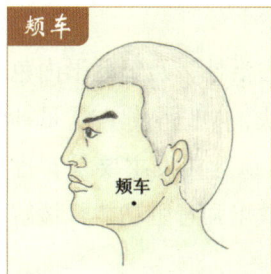

在面颊部，下颌角前上方，耳下大约一横指处，咀嚼时肌肉隆起时出现的凹陷处。

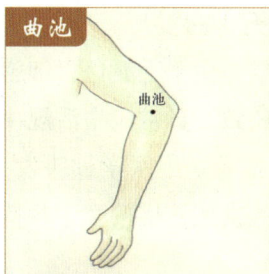

取坐姿，保持平静呼吸，双手各握一核桃，使核桃尖端对准穴位，心中默念"1、2、3、4、5、6、7、8"按压，重复8次，共64次。

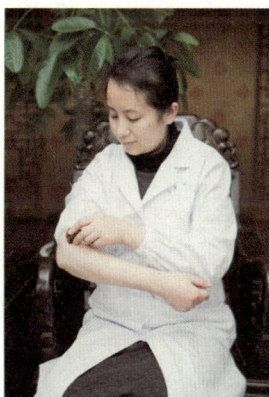

曲池

肘部弯曲时肘横纹桡侧端。

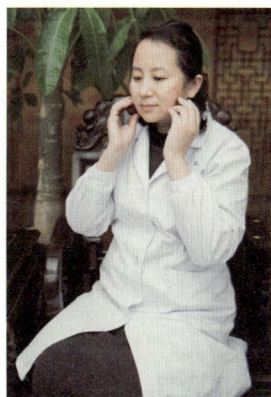

取坐姿，保持平静呼吸，左手握一核桃，使核桃尖端对准右侧穴位，心中默念"1、2、3、4、5、6、7、8"按压，重复8次，共64次。对侧也按相同方法操作。

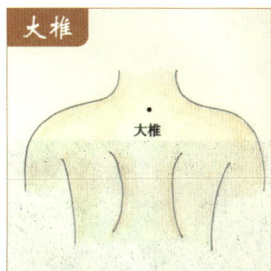

大椎

第7颈椎棘突下凹陷中。

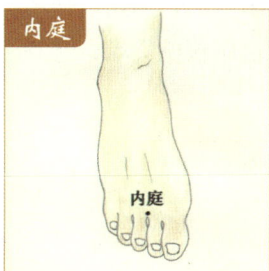

取坐姿，保持平静呼吸，左手或右手握一核桃，使核桃尖端对准穴位，心中默念"1、2、3、4、5、6、7、8"按压，重复8次，共64次。

内庭

在足背，第2、3跖骨结合部前方凹陷处。

取坐姿，保持平静呼吸，右手握一核桃，使核桃尖端对准左足穴位，心中默念"1、2、3、4、5、6、7、8"按压，重复8次，共64次。对侧也按相同方法操作。

第四篇

两只核桃在手 操练健康好助手

（四十五）白发

白发主要是由于毛囊色素细胞的酪氨酸酶失去活性，乃至毛干内色素逐渐减少所致。日常应生活规律，保持心情愉快，早睡早起，适量补充 B 族维生素等。中医学称头发为"肾之余"，认为白发主要是肾虚精亏所致。经常用核桃按摩一些特定穴位，可有效增强肾脏功能，缓解白发现象。

白发按摩的特效穴位及手法

头部

风池：用核桃尖端，选择"点压"手法，或用核桃侧棱，选择"推刮"手法。

百会：用核桃尖端，选择"点压"或"叩击"手法。

身部

肝俞：用核桃尖端，选择"点压"或"弹拨"手法。

膈俞：用核桃尖端，选择"点压"或"弹拨"手法。

下肢部

太溪：用核桃尖端，选择"点压"手法。

足三里：用核桃尖端，选择"点压"手法。

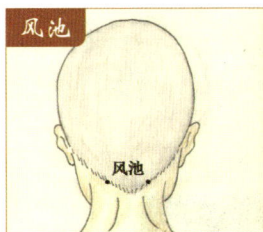

风池

在后头部，枕骨下两侧后发际处，斜方肌上端与胸锁乳突肌之间的凹陷处。

取坐姿，保持平静呼吸，双手各握一核桃，使核桃尖端对准穴位，心中默念"1、2、3、4、5、6、7、8"按压，重复8次，共64次。或选择核桃侧棱对准穴位，心中默念"1、2、3、4、5、6、7、8"推刮，重复8次，共64次。

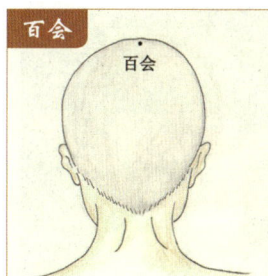

百会

百会

在头顶正中线与两耳尖连线的交叉处。

取坐姿，保持平静呼吸，左手或右手握住一核桃，使核桃尖端对准穴位，心中默念"1、2、3、4、5、6、7、8"按压，重复8次，共64次。

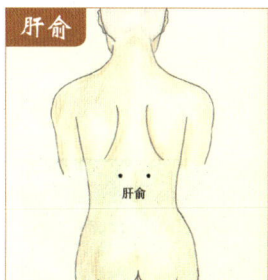

肝俞

肝俞

在背部，第9胸椎棘突下，旁开1.5寸。

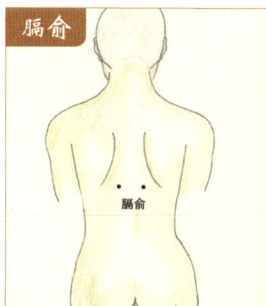

膈俞

膈俞

在背部，第7胸椎棘突，正中线旁开1.5寸处。

取坐姿，保持平静呼吸，双手各握住一核桃，将手转到背后，使核桃尖端对准穴位，心中默念"1、2、3、4、5、6、7、8"按压，重复8次，共64次。

取坐姿，保持平静呼吸，双手各握住一核桃，将手转到背后，使核桃尖端对准穴位，心中默念"1、2、3、4、5、6、7、8"按压，重复8次，共64次。

第四篇

两只核桃在手 操练健康好助手

养生操

太溪

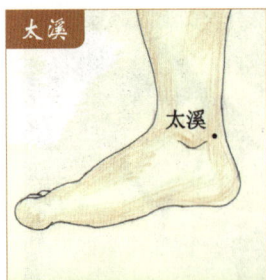

足内侧，内踝后方，内踝高点与跟腱之间的凹陷处。

取坐姿，保持平静呼吸，右手握一核桃，使核桃尖端对准左足穴位，心中默念"1、2、3、4、5、6、7、8"按压，重复8次，共64次。对侧也按相同方法操作。

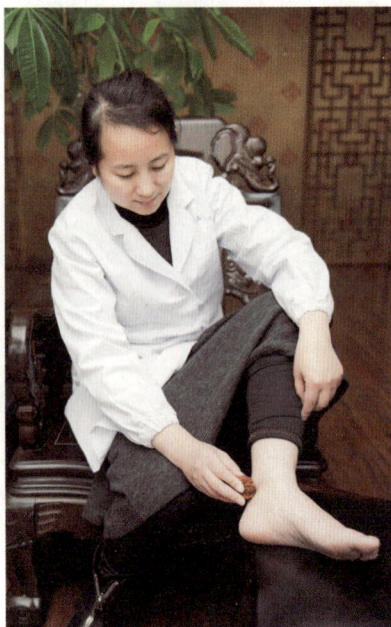

足三里

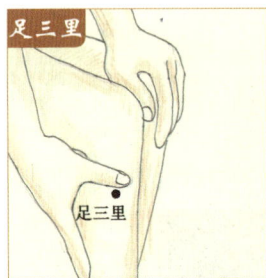

外膝眼正中直下3寸，胫骨外侧旁开1横指。

取坐姿，保持平静呼吸，右手握一核桃，使核桃尖端对准左侧穴位，心中默念"1、2、3、4、5、6、7、8"按压，重复8次，共64次。对侧也按相同方法操作。

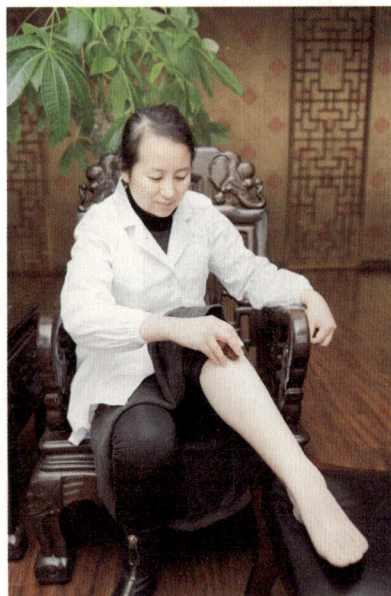

（四十六）中暑

中暑是指长时间暴露在高温环境中引起机体体温调节功能紊乱所致的一组临床症候群。先兆中暑者表现为大量出汗、口渴、头晕、耳鸣、胸闷、心悸、恶心、四肢无力等症状，体温正常或略有升高，一般不超过37.5℃，此时患者应及时离开高热环境，辅助用核桃按摩一些特效穴位，经短时间休息后症状多可消失。如上述症状不改善，体温继续升高，出现胸闷、皮肤灼热、面色苍白、恶心呕吐、大量出汗、皮肤湿冷、脉搏细弱而快等症状者应尽快到医院就诊。

中暑按摩的特效穴位及手法

头部

风池：用核桃尖端，选择"点压"手法，或用核桃侧棱，选择"推刮"手法。

太阳：用核桃尖端，选择"点压"手法。

上肢部

曲池：用核桃尖端，选择"点压"手法。

内关：用核桃尖端，选择"点压"手法。

身部

大椎：用核桃尖端，选择"点压"手法。

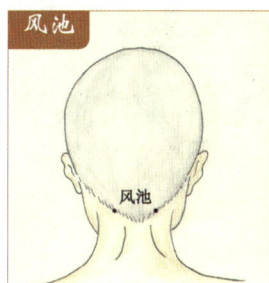

风池

在后头部，枕骨下两侧后发际处，斜方肌上端与胸锁乳突肌之间的凹陷处。

取坐姿，保持平静呼吸，双手各握一核桃，使核桃尖端对准穴位，心中默念"1、2、3、4、5、6、7、8"按压，重复8次，共64次。或选择核桃侧棱对准穴位，心中默念"1、2、3、4、5、6、7、8"推刮，重复8次，共64次。

太阳

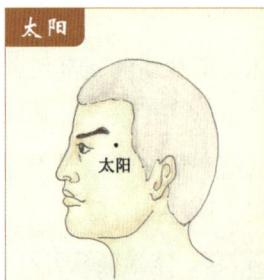

在头部，当眉梢与目外眦之间，向后约1横指的凹陷中。

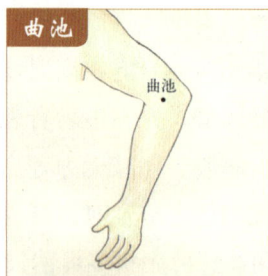

曲池

肘部弯曲时肘横纹桡侧端。

取坐姿，保持平静呼吸，双手各握一核桃，使核桃尖端对准穴位，心中默念"1、2、3、4、5、6、7、8"按压，重复8次，共64次。

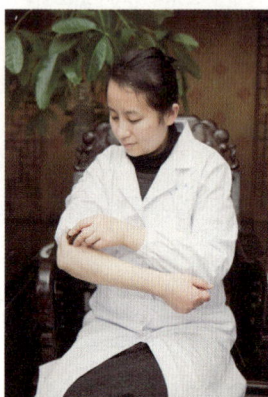

取坐姿，保持平静呼吸，左手握一核桃，使核桃尖端对准右侧穴位，心中默念"1、2、3、4、5、6、7、8"按压，重复8次，共64次。对侧也按相同方法操作。

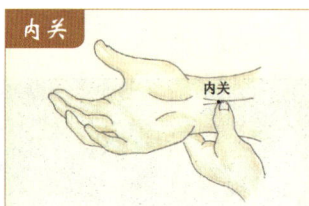

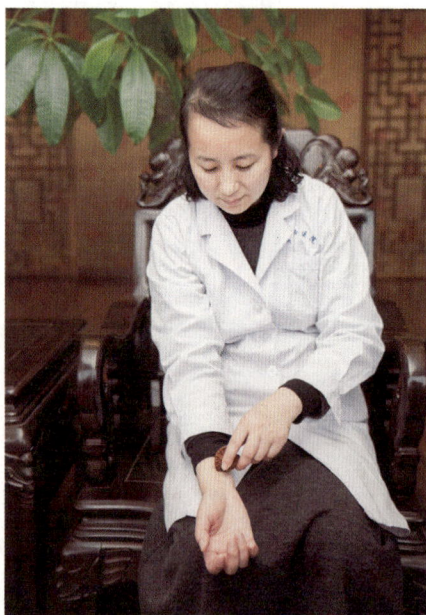

内关

在前臂掌侧，腕掌横纹中点向上2寸，掌长肌腱与桡侧腕屈肌腱之间。

取坐姿，保持平静呼吸，左手握一核桃，使核桃尖端对准右侧穴位，心中默念"1、2、3、4、5、6、7、8"按压，重复8次，共64次。对侧也按相同方法操作。

大椎

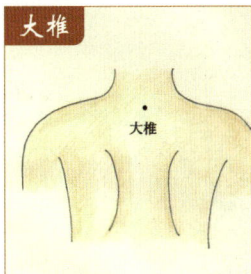

第7颈椎棘突下凹陷中。

取坐姿，保持平静呼吸，左手或右手握一核桃，使核桃尖端对准穴位，心中默念"1、2、3、4、5、6、7、8"按压，重复8次，共64次。

（四十七）失眠

失眠，以经常不易入睡、睡后多梦或者睡后易醒为主要特征。中医认为，不论什么原因导致的失眠，多和心、脾、肝、肾功能失调有关。用小小的核桃经常按摩穴位，可适时地调整心、肾等各脏间的关系，使它们恢复到协调状态，帮助提高睡眠质量。

失眠按摩的特效穴位及手法

头部

印堂：用核桃尖端，选择"点压"手法。

安眠：用核桃尖端，选择"点压"手法。

上肢部

神门：用核桃尖端，选择"点压"或"弹拨"手法。

内关：用核桃尖端，选择"点压"手法。

下肢部

三阴交：用核桃尖端，选择"点压"手法。

涌泉：用核桃尖端，选择"点压"手法。

第四篇

两只核桃在手 操练健康好助手

把玩核桃

养生操

印堂

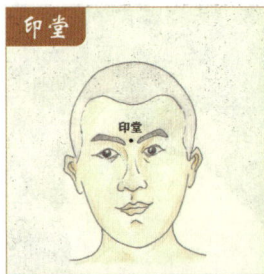

在额部，两眉头的中间。

安眠

在耳垂后的凹陷与枕骨下的凹陷连线的中点处。

取坐姿，保持平静呼吸，左手或右手握住核桃，使核桃尖端对准穴位，心中默念"1、2、3、4、5、6、7、8"按压，重复8次，共64次。

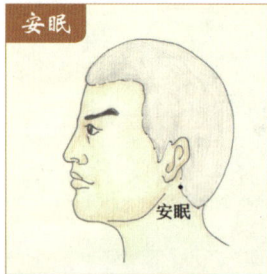

取坐姿，保持平静呼吸，双手各握一核桃，使核桃尖端对准两侧穴位，心中默念"1、2、3、4、5、6、7、8"按压，重复8次，共64次。

内关

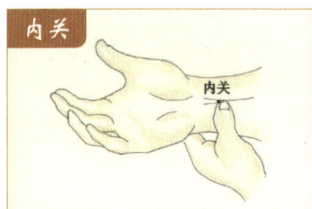

在前臂掌侧，腕掌横纹中点向上2寸，掌长肌腱与桡侧腕屈肌腱之间。

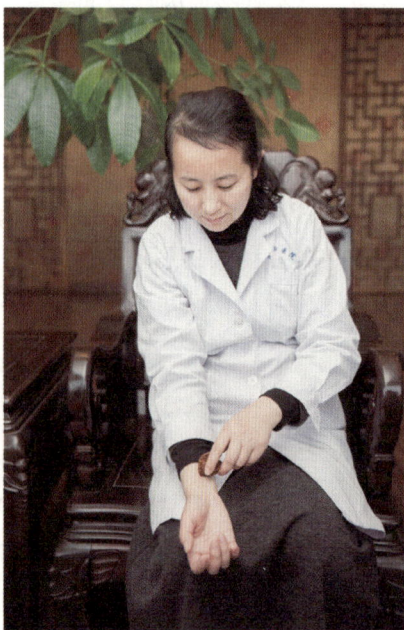

取坐姿，保持平静呼吸，左手握一核桃，使核桃尖端对准右侧穴位，心中默念"1、2、3、4、5、6、7、8"按压，重复8次，共64次。对侧也按相同方法操作。

神门

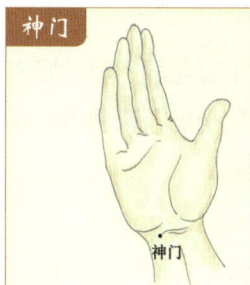

在腕部，腕掌侧横纹尺侧端，尺侧腕屈肌腱的桡侧凹陷处。突下凹陷中。

取坐姿，保持平静呼吸，左手握一核桃，使核桃尖端对准右侧穴位，心中默念"1、2、3、4、5、6、7、8"按压，重复8次，共64次。对侧也按相同方法操作。

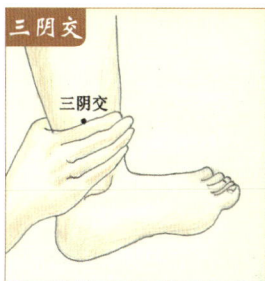

三阴交

足内踝尖上3寸，胫骨内侧缘后方。

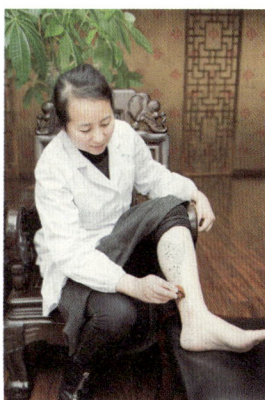

取坐姿，保持平静呼吸，右手握一核桃，使核桃尖端对准左侧穴位，心中默念"1、2、3、4、5、6、7、8"按压，重复8次，共64次。对侧也按相同方法操作。

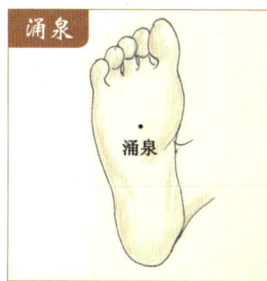

涌泉

在足底部，屈足卷趾时足前部凹陷处，约足底第2、3趾趾缝纹头端与足跟连线的前1/3与后2/3交点上。

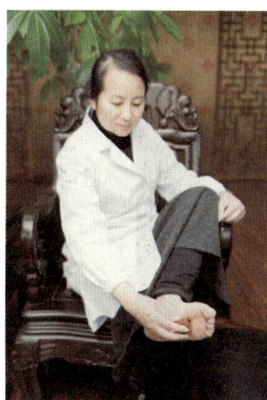

取坐姿，保持平静呼吸，右手握一核桃，使核桃尖端对准左足穴位，心中默念"1、2、3、4、5、6、7、8"按压，重复8次，共64次。对侧也按相同方法操作。

第四篇

两只核桃在手 操练健康好助手

（四十八）肥胖

肥胖是指某类体重超标的人群。中医认为肥胖主要与肝、脾、肾三脏的功能有关，经常用核桃按摩相关穴位可调理脏腑功能，改善内分泌系统功能，对减肥有事半功倍的效果。

肥胖按摩的特效穴位及手法

上肢部

曲池：用核桃尖端，选择"点压"手法。

身部

天枢：用核桃尖端，选择"点压"或"震动"手法。

中脘：用核桃尖端，选择"点压"或"震动法手法。

下肢部

内庭：用核桃尖端，选择"点压"手法。

丰隆：用核桃尖端，选择"点压"手法。

三阴交：用核桃尖端，选择"点压"手法。

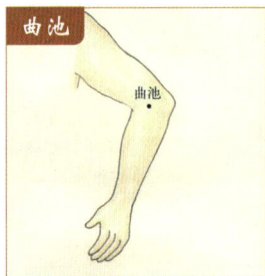

曲池

肘部弯曲时肘横纹桡侧端。

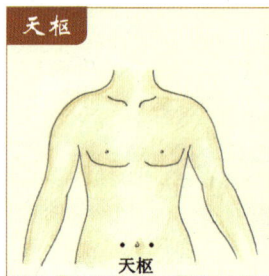

天枢

脐中旁开2寸。

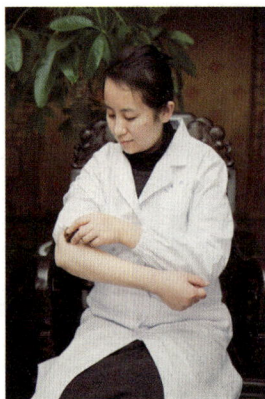

取坐姿，保持平静呼吸，左手握一核桃，使核桃尖端对准右侧穴位，心中默念"1、2、3、4、5、6、7、8"按压，重复8次，共64次。对侧也按相同方法操作。

取坐姿，保持平静呼吸，双手各握住一核桃，使核桃尖端对准穴位，心中默念"1、2、3、4、5、6、7、8"按压，重复8次，共64次。

中脘	前正中线上，脐上4寸处。

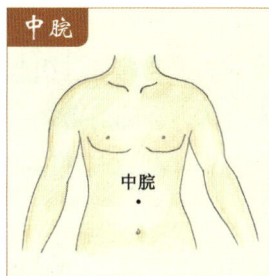

内庭	在足背，第2、3跖骨结合部前方凹陷处。

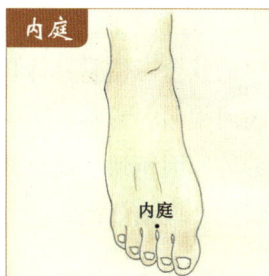

取坐姿，保持平静呼吸，左手或右手握住一核桃，使核桃尖端对准穴位，心中默念"1、2、3、4、5、6、7、8"按压，重复8次，共64次。

取坐姿，保持平静呼吸，右手握一核桃，使核桃尖端对准左足穴位，心中默念"1、2、3、4、5、6、7、8"按压，重复8次，共64次。对侧也按相同方法操作。

丰隆	小腿前外侧，膝眼和外踝的连线中点。

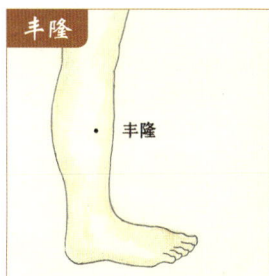

三阴交	足内踝尖上3寸，胫骨内侧缘后方。

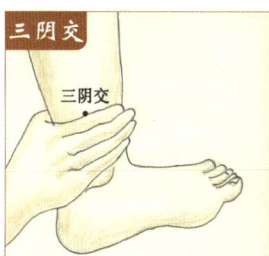

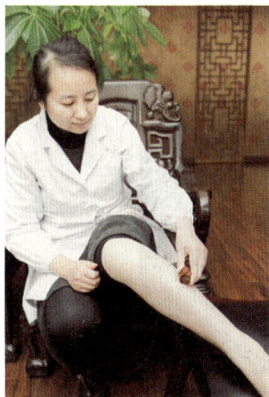

取坐姿，保持平静呼吸，左手握一核桃，使核桃尖端对准左侧穴位，心中默念"1、2、3、4、5、6、7、8"按压，重复8次，共64次。对侧也按相同方法操作。

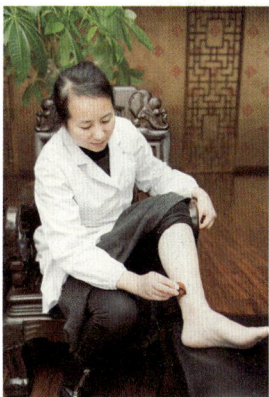

取坐姿，保持平静呼吸，右手握一核桃，使核桃尖端对准左侧穴位，心中默念"1、2、3、4、5、6、7、8"按压，重复8次，共64次。对侧也按相同方法操作。

第四篇

两只核桃在手 操练健康好助手

（四十九）食欲不振

健康规律的饮食习惯是身体机能正常和健康运转的重要保证。引起食欲不振的病因很多，常常由于气候的变化、过度的体力和脑力劳动、精神情绪疲劳等原因所致。通过核桃按摩一些特定穴位可有效调理脾胃机能，促进消化、增强食欲。

食欲不振按摩的特效穴位及手法

身部

脾俞：用核桃尖端，选择"点压"或"弹拨"手法。

胃俞：用核桃尖端，选择"点压"或"弹拨"手法。

中脘：用核桃尖端，选择"点压"或"震动"手法。

大包：用核桃尖端，选择"点压"手法。

下肢部

足三里：用核桃尖端，选择"点压"手法。

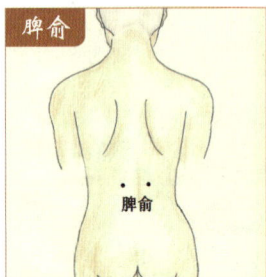

脾俞

在背部，第11胸椎棘突下，旁开1.5寸。

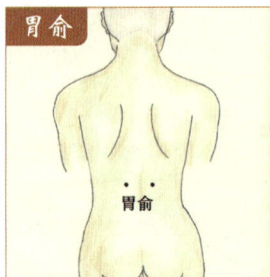

胃俞

在背部，第12胸椎棘突下，旁开1.5寸。

取坐姿，保持平静呼吸，双手各握住一核桃，将手转到背后，使核桃尖端对准穴位，心中默念"1、2、3、4、5、6、7、8"按压，重复8次，共64次。

取坐姿，保持平静呼吸，双手各握住一核桃，将手转到背后，使核桃尖端对准穴位，心中默念"1、2、3、4、5、6、7、8"按压，重复8次，共64次。

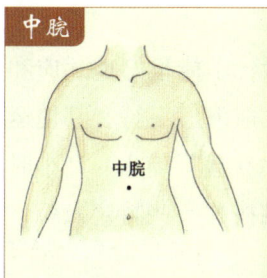

中脘

前正中线上，脐上4寸处。

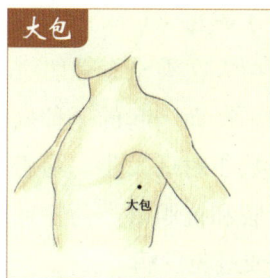

取坐姿，保持平静呼吸，左手或右手握住一核桃，使核桃尖端对准穴位，心中默念"1、2、3、4、5、6、7、8"按压，重复8次，共64次。

大包

在侧胸部，腋中线上，第6肋间隙中。

取坐姿，保持平静呼吸，双手各握住一核桃，使核桃尖端对准穴位，心中默念"1、2、3、4、5、6、7、8"按压，重复8次，共64次。

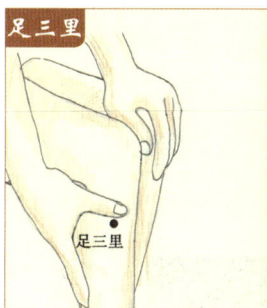

足三里

外膝眼正中直下3寸，胫骨外侧旁开1横指。

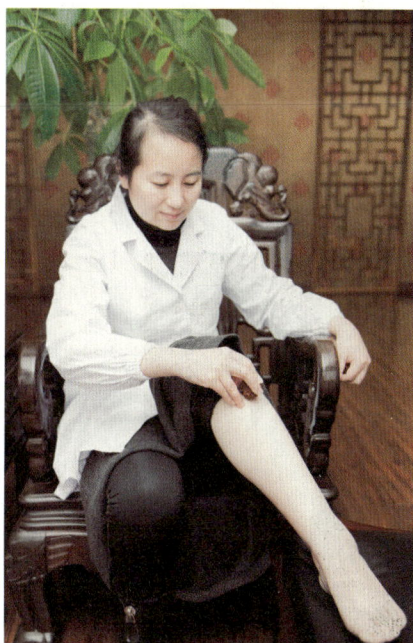

取坐姿，保持平静呼吸，右手握一核桃，使核桃尖端对准左侧穴位，心中默念"1、2、3、4、5、6、7、8"按压，重复8次，共64次。对侧也按相同方法操作。

第四篇

两只核桃在手 操练健康好助手

（五十）晕车

晕车是指人在乘坐车、船时，受到摇晃刺激，不能很好地适应和调节机体的平衡而引起的一种病变，常在乘车、航海、飞行和其他运行数分钟至数小时后发生。易患本病的患者，除在旅行前 1 ~ 2 小时先服用抗组胺和抗胆碱类药物外，还可以用核桃按摩一些特定穴位，以减轻症状或避免发病。

晕车按摩的特效穴位及手法

上肢部

内关：用核桃尖端，选择"点压"手法。

合谷：用核桃尖端，选择"点压"手法。

下肢部

足三里：用核桃尖端，选择"点压"手法。

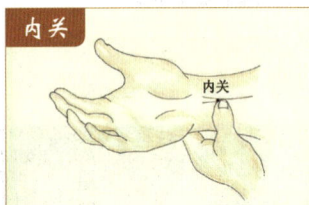

内关

在前臂掌侧，腕掌横纹中点向上 2 寸，掌长肌腱与桡侧腕屈肌腱之间。

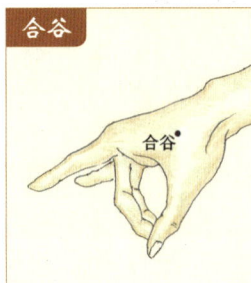

合谷

在手背，第 1、2 掌骨间，第 2 掌骨桡侧的中点处。

取坐姿，保持平静呼吸，左手握一核桃，使核桃尖端对准右侧穴位，心中默念"1、2、3、4、5、6、7、8"按压，重复 8 次，共 64 次。对侧也按相同方法操作。

取坐姿，保持平静呼吸，右手握一核桃，使核桃尖端对准左侧穴位，心中默念"1、2、3、4、5、6、7、8"按压，重复 8 次，共 64 次。对侧也按相同方法操作。

足三里

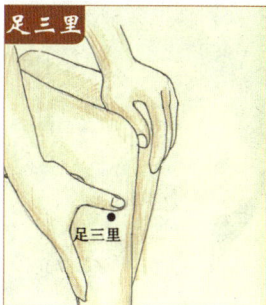

外膝眼正中直下3寸，胫骨外侧旁开1横指。

取坐姿，保持平静呼吸，右手握一核桃，使核桃尖端对准左侧穴位，心中默念"1、2、3、4、5、6、7、8"按压，重复8次，共64次。对侧也按相同方法操作。

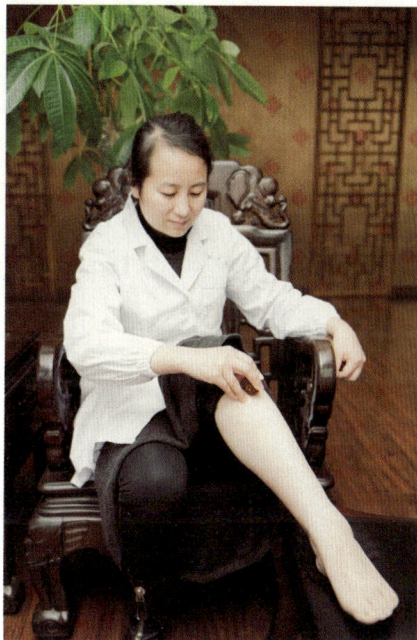

两只核桃在手 操练健康好助手

（五十一）口腔溃疡

口腔溃疡俗称"口疮"，指发生于舌头、舌腹部位的溃疡。口腔溃疡发作时疼痛剧烈，局部灼痛明显，严重者还会影响饮食、说话，对日常生活造成极大不便。中医学认为"舌为心之苗"，口腔溃疡大多是由于心火旺盛导致。日常生活除了戒辛辣饮食外，还可以经常用核桃按摩一些特效穴位，可有效防止口腔溃疡反复发作。

口腔溃疡按摩的特效穴位及手法

下肢部

内庭：用核桃尖端，选择"点压"手法。

涌泉：用核桃尖端，选择"点压"手法。

养生操

内庭

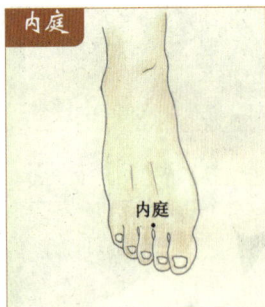

在足背，第2、3跖骨结合部前方凹陷处。

取坐姿，保持平静呼吸，右手握一核桃，使核桃尖端对准左足穴位，心中默念"1、2、3、4、5、6、7、8"按压，重复8次，共64次。对侧也按相同方法操作。

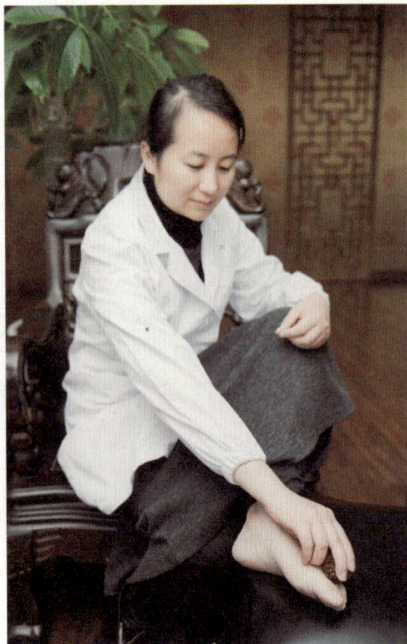

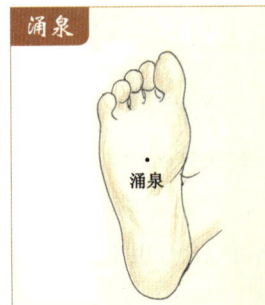

涌泉

在足底部，屈足卷趾时足前部凹陷处，约足底第2、3跖趾缝纹头端与足跟连线的前1/3与后2/3交点上。

取坐姿，保持平静呼吸，右手握一核桃，使核桃尖端对准左足穴位，心中默念"1、2、3、4、5、6、7、8"按压，重复8次，共64次。对侧也按相同方法操作。

（五十二）小腿抽筋

小腿抽筋是一种肌肉强制性收缩的病变，经常发生在小腿和脚趾部位，发作时常常令人疼痛难忍，经常在夜间睡觉、疲劳过度、寒冷刺激或缺钙时发作。一旦发生小腿抽筋，最直接的缓解方法还是按摩发生痉挛的部位，配合用核桃按摩一些特效穴位，可以显著缓解症状。

小腿抽筋按摩的特效穴位及手法

下肢部

承山：用核桃尖端，选择"点压"手法。

阳陵泉：用核桃尖端，选择"点压"手法。

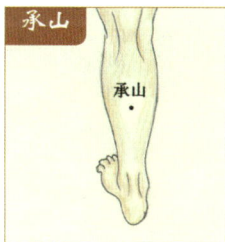
承山

在小腿后面正中，伸直小腿或足跟上提时，腓肠肌肌腹下出现的人字纹顶端凹陷处。

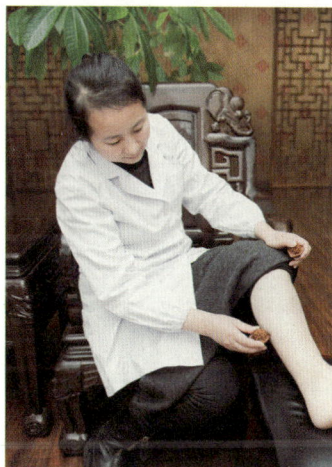

取坐姿，保持平静呼吸，右手握一核桃，使核桃尖端对准左侧穴位，心中默念"1、2、3、4、5、6、7、8"按压，重复8次，共64次。对侧也按相同方法操作。

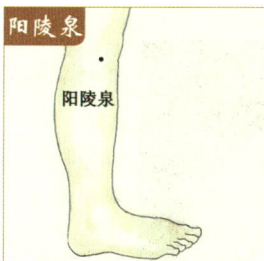
阳陵泉

在膝盖斜下方，小腿外侧之腓骨小头前下方凹陷中。

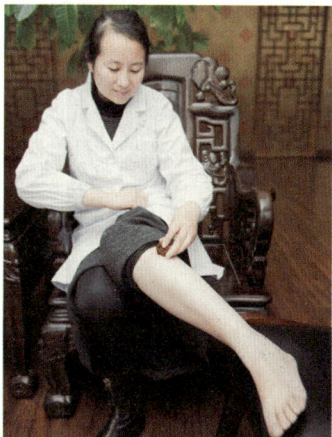

取坐姿，保持平静呼吸，左手握一核桃，使核桃尖端对准左侧穴位，心中默念"1、2、3、4、5、6、7、8"按压，重复8次，共64次。对侧也按相同方法操作。

第四篇

两只核桃在手 操练健康好助手

（五十三）抑郁

高速运转的社会环境，使得很多现代人长期处于"压力山大"的状态，压力大常常会导致脾气变差，或是心情变得抑郁。有些人尤其是女性朋友还有出现胸胁隐痛、胸闷压抑等症状。生活中经常用核桃按摩一些特效穴位，有调理气血、舒缓情志的作用，可以轻松赶走坏情绪。

抑郁按摩的特效穴位及手法

头部

百会：用核桃尖端，选择"点压"或"叩击"手法。

身部

肝俞：用核桃尖端，选择"点压"或"弹拨"手法。

下肢部

三阴交：用核桃尖端，选择"点压"手法。

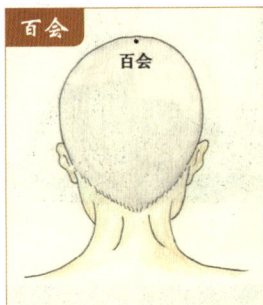

百会

百会

在头顶正中线与两耳尖连线的交叉处。

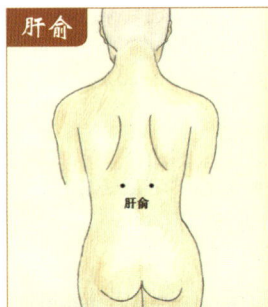

肝俞

肝俞

在背部，第9胸椎棘突下，旁开1.5寸。

取坐姿，保持平静呼吸，左手或右手握住核桃，使核桃尖端对准穴位，心中默念"1、2、3、4、5、6、7、8"按压，重复8次，共64次。

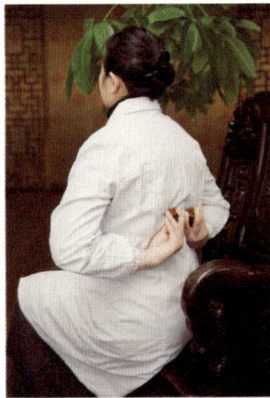

取坐姿，保持平静呼吸，双手各握住一核桃，将手转到背后，使核桃尖端对准穴位，心中默念"1、2、3、4、5、6、7、8"按压，重复8次，共64次。

三阴交

三阴交

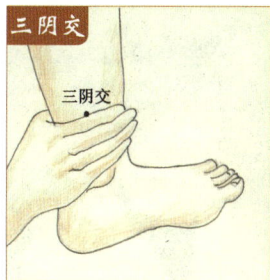

足内踝尖上3寸，胫骨内侧
缘后方。

取坐姿，保持平静呼吸，左手握一核桃，使核
桃尖端对准右侧穴位，心中默念"1、2、3、4、5、
6、7、8"按压，重复8次，共64次。对侧也按
相同方法操作。

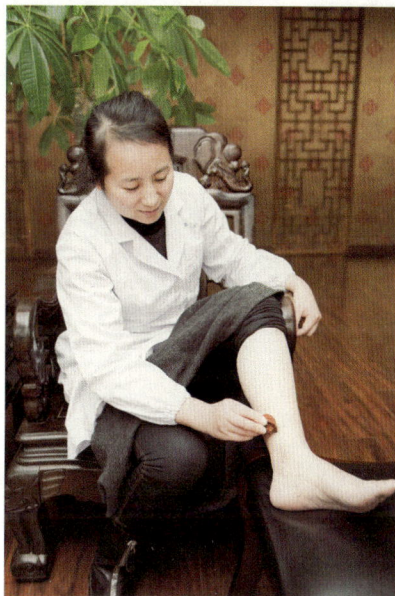

（五十四）手足不温

手足不温是很多年轻女性冬天常见的现象，大多与体内阳气或气血
运行不畅有关。人们除了适当加强运动、增强体质外，还可以经常使用
核桃按摩一些特定穴位，有助于调动机体的阳气生发，促进气血运行，
可有效缓解手足不温的现象。

手足不温按摩的特效穴位及手法

上肢部

阳池：用核桃尖端，选择"点压"手法。

劳宫：用核桃尖端，选择"点压"手法。

身部

大椎：用核桃尖端，选择"点压"手法。

肩井：用核桃尖端，选择"点压"或"弹拨"手法。

下肢部

涌泉：用核桃尖端，选择"点压"手法。

养生操

阳池

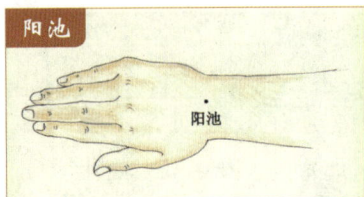

在腕背横纹中，指总伸肌腱的尺侧缘凹陷处。

取坐姿，保持平静呼吸，左手握一核桃，使核桃尖端对准右侧穴位，心中默念"1、2、3、4、5、6、7、8"按压，重复8次，共64次。对侧也按相同方法操作。

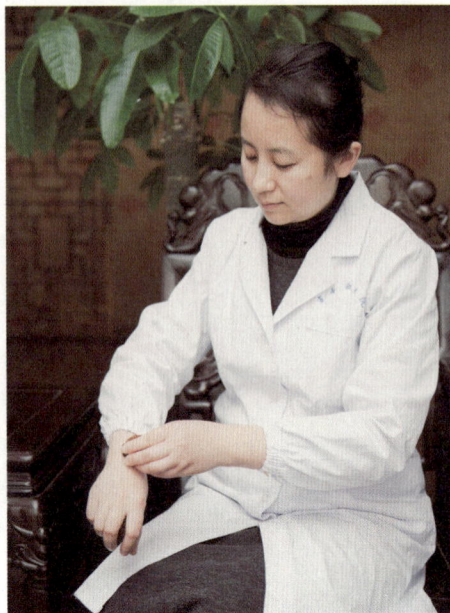

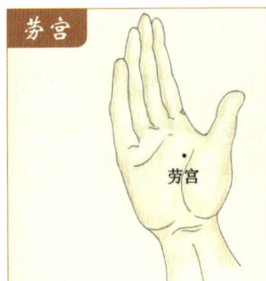

劳宫

在手掌心，第2、3掌骨之间偏于第3掌骨，握拳屈指时中指尖处。

取坐姿，保持平静呼吸，左手握一核桃，使核桃尖端对准右侧穴位，心中默念"1、2、3、4、5、6、7、8"按压，重复8次，共64次。对侧也按相同方法操作。

大椎	第7颈椎棘突下凹陷中。

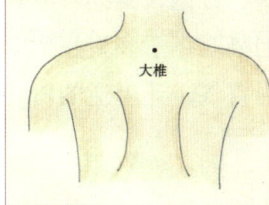

肩井	在大椎与肩峰端连线的中点上，前直对乳中。

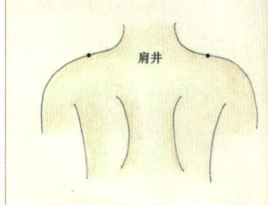

取坐姿，保持平静呼吸，左手或右手握一核桃，使核桃尖端对准穴位，心中默念"1、2、3、4、5、6、7、8"按压，重复8次，共64次。

取坐姿，保持平静呼吸，右手握一核桃，使核桃尖端对准左侧穴位，心中默念"1、2、3、4、5、6、7、8"按压，重复8次，共64次。对侧也按相同方法操作。

涌泉

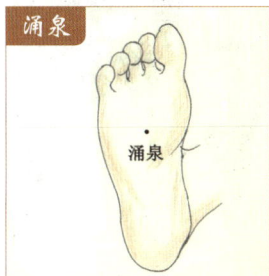

在足底部，屈足卷趾时足前部凹陷处，约足底第2、3跖趾缝纹头端与足跟连线的前1/3与后2/3交点上。

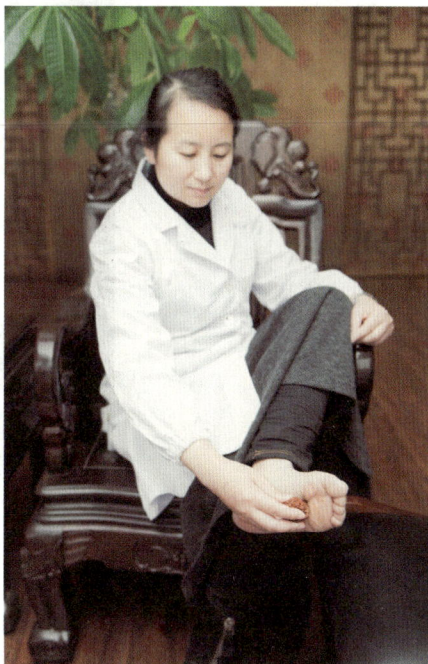

取坐姿，保持平静呼吸，右手握一核桃，使核桃尖端对准左足穴位，心中默念"1、2、3、4、5、6、7、8"按压，重复8次，共64次。对侧也按相同方法操作。

两只核桃在手 操练健康好助手

（五十五）打嗝

打嗝是一种不能自制的症状，吃东西吃得过快、过饱，受到寒冷刺激等都会导致打嗝。打嗝主要是由胃气上逆，引起膈肌痉挛和胃痉挛而产生。使用核桃按摩一些特定穴位，可以起到疏通胃气，让上逆的胃气往下走的作用，从而缓解打嗝的症状。

打嗝按摩的特效穴位及手法

头部

攒竹：用核桃尖端，选择"点压"手法。

翳风：用核桃尖端，选择"点压"手法。

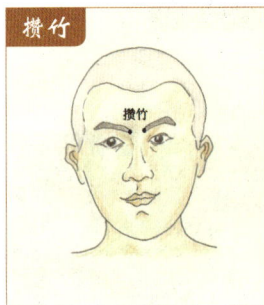

攒竹

在面部，眉毛内侧边缘凹陷处。

取坐姿，保持平静呼吸，双手各握一核桃，使核桃尖端对准穴位，心中默念"1、2、3、4、5、6、7、8"按压，重复8次，共64次。

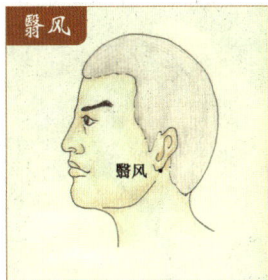

翳风

在耳垂后方，颞骨乳突下端前方凹陷中。

取坐姿，保持平静呼吸，双手各握一核桃，使核桃尖端对准穴位，心中默念"1、2、3、4、5、6、7、8"按压，重复8次，共64次。

（五十六）宿醉

宿醉是指因饮酒过量，隔夜休息后，体内的酒精即乙醇已经基本排净，但仍有头痛、眩晕、疲劳、恶心、胃部不适、困倦、发汗、过度口渴和认知模糊等症状。这时用核桃按摩一些特效穴位，可有效缓解宿醉的症状。

宿醉按摩的特效穴位及手法

头部

百会：用核桃尖端，选择"点压"或"叩击"手法。

上肢部

内关：用核桃尖端，选择"点压"手法。

合谷：用核桃尖端，选择"点压"手法。

下肢部

太冲：用核桃尖端，选择"点压"手法。

涌泉：用核桃尖端，选择"点压"手法。

两只核桃在手 操练健康好助手

百会

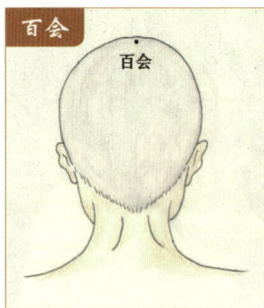

在头顶正中线与两耳尖连线的交叉处。

取坐姿，保持平静呼吸，左手或右手握住核桃，使核桃尖端对准穴位，心中默念"1、2、3、4、5、6、7、8"按压，重复8次，共64次。

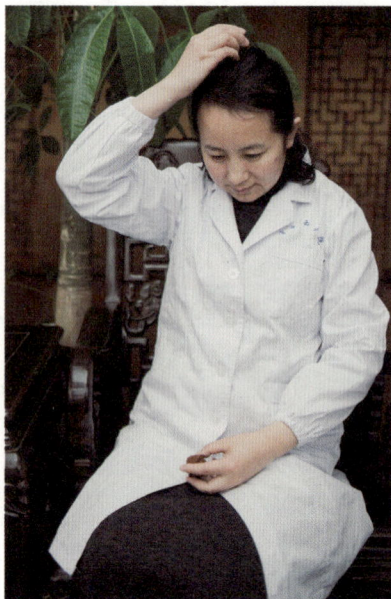

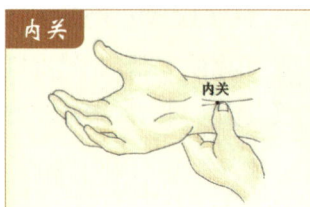

内关

在前臂掌侧，腕掌横纹中点向上2寸，掌长肌腱与桡侧腕屈肌腱之间。

取坐姿，保持平静呼吸，左手握一核桃，使核桃尖端对准右侧穴位，心中默念"1、2、3、4、5、6、7、8"按压，重复8次，共64次。对侧也按相同方法操作。

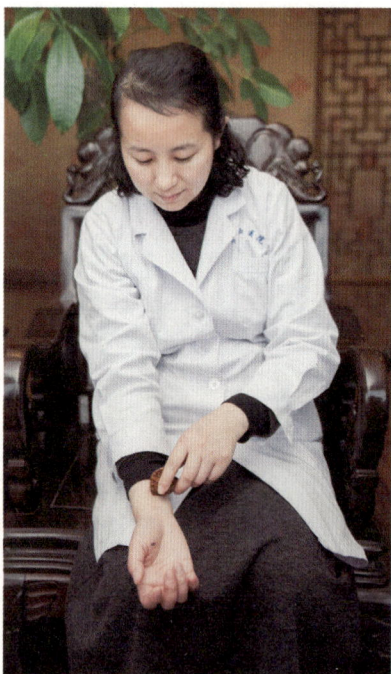

合谷

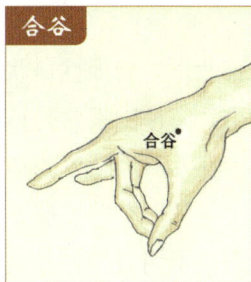

在手背，第1、2掌骨间，第2掌骨桡侧的中点处。

取坐姿，保持平静呼吸，右手握一核桃，使核桃尖端对准左侧穴位，心中默念"1、2、3、4、5、6、7、8"按压，重复8次，共64次。对侧也按相同方法操作。

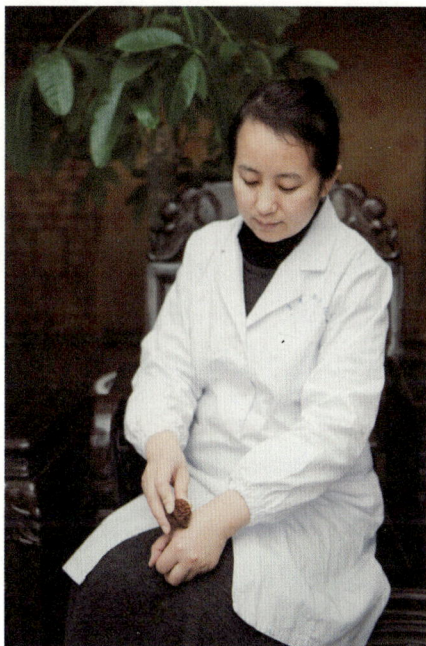

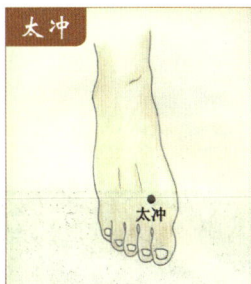

太冲

在足背侧，第1、2跖骨结合部之前凹陷处。

取坐姿，保持平静呼吸，右手握一核桃，使核桃尖端对准左足穴位，心中默念"1、2、3、4、5、6、7、8"按压，重复8次，共64次。对侧也按相同方法操作。

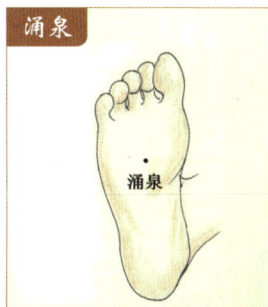

涌泉

在足底部，屈足卷趾时足前部凹陷处，约足底第2、3跖趾缝纹头端与足跟连线的前1/3与后2/3交点上。

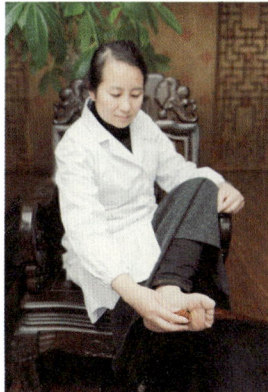

取坐姿，保持平静呼吸，右手握一核桃，使核桃尖端对准左足穴位，心中默念"1、2、3、4、5、6、7、8"按压，重复8次，共64次。对侧也按相同方法操作。

第四篇　两只核桃在手　操练健康好助手

（五十七）脱发、斑秃

　　斑秃常发生于身体有毛发的部位，表现为毛发突然发生局限性斑状脱落，局部皮肤正常，无自觉症状。本病常突然发生，精神因素常是诱发或促使病情加重的原因。中医认为"肾主骨，其容在发"、"发为血之余"，斑秃的病因主要与肾虚、血虚有关。血虚不能随气荣养肌肤，故毛发成片脱落。日常生活中应保持良好的精神状态，不用脱脂性强或碱性洗发剂，注意调整饮食，多食蔬菜、水果等，经常用核桃按摩一些特效穴位，可起到辅助治疗的作用。

脱发、斑秃的特效穴位及手法

头部

百会：用核桃尖端，选择"点压"或"叩击"手法。

风池：用核桃尖端，选择"点压"手法或用核桃侧棱，选择"推刮"手法。

身部

膈俞：用核桃尖端，选择"点压"或"弹拨"手法。

下肢部

足三里：用核桃尖端，选择"点压"手法。

三阴交：用核桃尖端，选择"点压"手法。

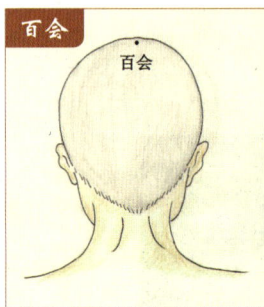

百会

百会

在头顶正中线与两耳尖连线的交叉处。

取坐姿，保持平静呼吸，左手或右手握住核桃，使核桃尖端对准穴位，心中默念"1、2、3、4、5、6、7、8"按压，重复8次，共64次。

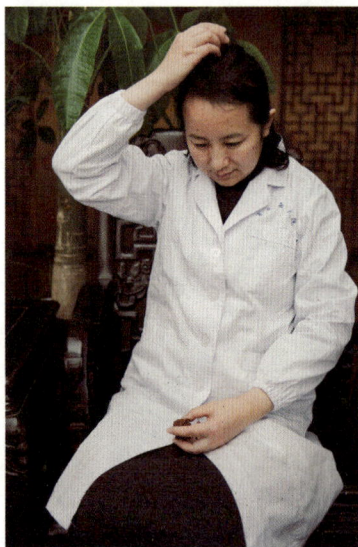

风池

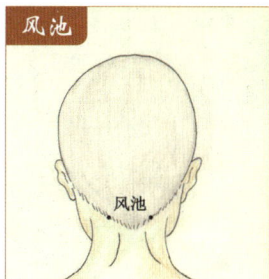

在后头部，枕骨下两侧后发际处，斜方肌上端与胸锁乳突肌之间的凹陷处。

取坐姿，保持平静呼吸，双手各握一核桃，使核桃尖端对准穴位，心中默念"1、2、3、4、5、6、7、8"按压，重复8次，共64次。或选择核桃侧棱对准穴位，心中默念"1、2、3、4、5、6、7、8"推刮，重复8次，共64次。

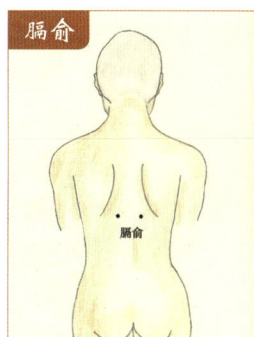

两只核桃在手 操练健康好助手

膈俞

在背部，第7胸椎棘突，正中线旁开1.5寸处。

取坐姿，保持平静呼吸，双手各握住一核桃，将手转到背后，使核桃尖端对准穴位，心中默念"1、2、3、4、5、6、7、8"按压，重复8次，共64次。

足三里

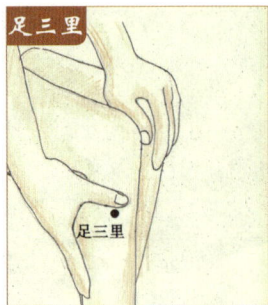

外膝眼正中直下3寸，胫骨外侧旁开1横指。

取坐姿，保持平静呼吸，右手握一核桃，使核桃尖端对准左侧穴位，心中默念"1、2、3、4、5、6、7、8"按压，重复8次，共64次。对侧也按相同方法操作。

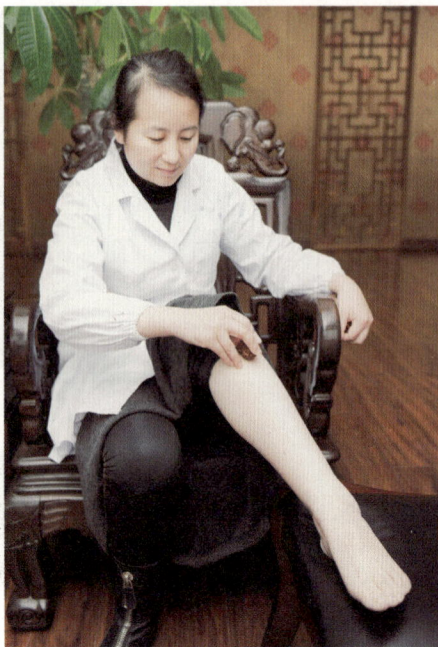

三阴交

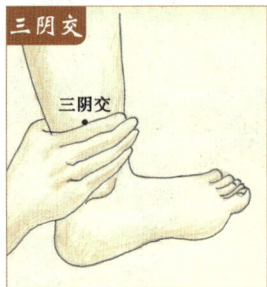

足内踝尖上3寸，胫骨内侧缘后方。

取坐姿，保持平静呼吸，右手握一核桃，使核桃尖端对准左侧穴位，心中默念"1、2、3、4、5、6、7、8"按压，重复8次，共64次。对侧也按相同方法操作。

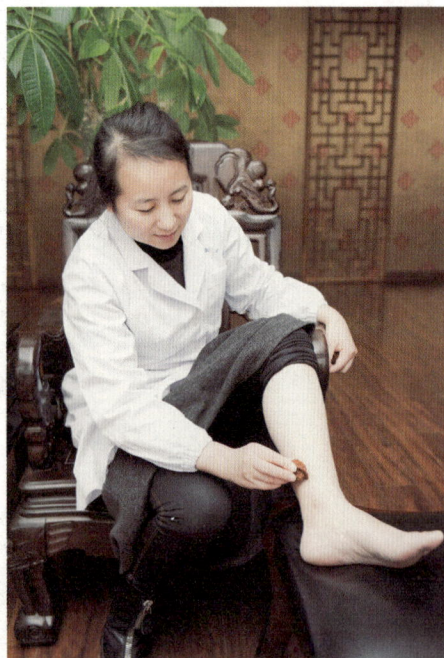

两只核桃在手 未病防治记心头

一、健康新标准

世界卫生组织（WHO）在 1978 年国际初级卫生保健大会上所发表的《阿拉木图宣言》中重申：健康不仅是没有疾病或不虚弱，且是身体的、精神的健康和社会适应良好的总称——三维健康，1989 年世界卫生组织（WHO）对健康作了新的定义，即"健康不仅是没有疾病，而且包括躯体健康、心理健康、社会适应良好和道德健康"。由此可见，健康不仅仅是指躯体健康，还应该包括心理、社会适应、道德品质的相互依存、促进和有机的结合。当人体在这几个方面同时健全，才算得上真正的健康——四维健康。

四维健康图

这种新的健康观念使医学模式从单一的生物医学模式演变为生物—心理—社会医学模式。这个现代健康概念是对生物医学模式下健康的进一步的补充和发展，它不仅考虑到人的自然属性，还考虑到了人的社会属性。说明人是社会的人，人的身体状况是受社会、精神因素的影响的，由社会、精神因素引起疾病的例子很多。人们在预防、诊断和治疗疾病的时候，不仅要考虑到身体的情况，还要考虑到社会、心理、精神、情绪等因素对人体健康的影响，从而修正了人们对健康的片面认识。

二、何为亚健康

而现代人健康情况又是怎样呢？依据上述标准，世界卫生组织的全球调查结果显示，真正符合健康定义、达到健康标准的人群只占总人群的 5%，有约 20% 的人群是需要诊治的患者，其余 75% 的人群处于健康和患病之间的一种过渡状态，称之为亚健康状态。所谓亚健康，即人体处于健康与疾病之间的一种体质状态。表现为活力降低，功能和适应能力减退的症状，不符合现有疾病分类中的疾病诊断标准。国内有学者认为，亚健康状态主要表现为植物神经功能紊乱和机体各器官功能性障碍，出现精神、胃肠道、心血管、肌肉等四大方面的症状。躯体方面可表现为身体疲劳乏力、易累，体力活动后全身不适，体力难以恢复；体质虚弱，免疫功能低下，易患感冒，咽喉不适，口腔黏膜溃疡；胃肠机能紊乱，食欲不振；关节痛、肌痛、头痛、胸闷、心悸、气短、失眠或嗜睡、眼睛易疲劳、视力模糊。心理方面可表现有健忘、头脑不清醒、记忆力下降；精神不振、情绪低落、对事物缺乏兴趣、抑郁寡欢；常常感到孤独无助、烦躁、情绪不稳定、紧张、易怒、焦虑等。社会交往表现对环境适应能力和反应能力减退、人际关系不协调、家庭关系不和谐。

三、亚健康的危害

亚健康目前已经成为严重危害人们身心健康的"隐形杀手"。国内外研究发现，造成亚健康的主要原因是身心疲劳和因衰老、疾病前期引起的免疫系统功能下降以及身体各个系统间的失调。是大多数慢性非传染性疾病的病前状态，大多数恶性肿瘤、心脑血管疾病和糖尿病等均是从亚健康人群转入的。亚健康状态明显影响工作效能和生活、学习质量，甚至危及特殊作业人员的生命安全，如高空作业人员和竞技体育人员等。心理亚健康极易导致精神心理疾患，甚至造成自杀和家庭伤害。多数亚健康状态与生物钟紊乱构成因果关系，直接影响睡眠质量，加重身心疲劳。严重亚健康可明显影响健康寿命，甚至造成英年早逝、早病和早残。因此，有专家认为提高社会适应能力、增强自我心理调节能力，降低压力、缓解疲劳和提高免疫功能是改善亚健康的重要手段。

四、扁鹊的故事

据史料记载，有这么一个古代名医扁鹊论医术的故事。有一次魏文王询问扁鹊：你们家兄弟三人都精于医术，但是到底谁的医术最好呢？扁鹊回答说：长兄最佳，仲兄次之，而我是三兄弟中最差的一个。魏文王惊讶地问：那您为什么却是你家最出名的一个？扁鹊回答说：我的长

两只核桃在手 未病防治记心头

兄治病，是治疗在病情未发作之前，由于大家都不知道他能够观疾病于未起之先，及时将疾病的病因铲除，他的这些本领只有我们家里的人知道，别人无法知晓，因此他的名气无法传出去。而我仲兄的医术，是治病于病情初起之时，及时将疾病清除于未祸之先。人们以为他只能治疗一些小毛病，所以他的名气不大，只有本地人知晓。可是，我治疗的病例，大都是患者病情严重之时。我给患者治疗过程，患者家人能够眼见目睹，所以大家都以为我的医术高明，名气也就传遍了列国。

五、中医治未病有方法

中医在几千年前就提出了治未病的理论，上医治未病，乃中医追求的最高学术境界。未病养生、防病于先、欲病救萌、防微杜渐；已病早治、防病于先、愈后调摄、防其复发。博大的中医学有很多治未病的方法，诸如按摩、推拿、针灸、敷贴、拔罐、刮痧、中药汤剂、膏方、熏蒸以及饮食疗法、运动疗法、心理疗法、音乐疗法等，实现扶正祛邪、平衡阴阳、调节脏腑气血功能，从而使机体得以恢复和维持。近年来，国家非常重视中医治未病，国家卫生计生委已将中医治未病纳入基本卫生服务。随着治未病健康工程的启动，一个以治未病为核心理念的极具中医特色的预防保健服务体系正在形成，运用中医药丰富的养生、保健、预防的理念、手段和方法治未病、调治亚健康，具有得天独厚的优势和特色。